PRESO EN IRÁN

La victoria del amor sobre el temor

DAN BAUMANN

EDITORIAL JUCUM

P.O. BOX 1138 TYLER, TX 75710-1138

Editorial JUCUM forma parte de Juventud con una Misión, una organización de carácter internacional.

Si desea un catálogo gratuito de nuestros libros y otros productos, solicítelo por escrito o por teléfono a:

Editorial JUCUM
P.O. Box 1138, Tyler, TX 75710-1138 U.S.A.
E-Mail: info@editorialjucum.com
Teléfono: (903) 882-4725
www.editorialjucum.com

Aventuras Internacionales

Bruchko
Bruce Olson

En búsqueda del origen
Hyatt Moore y Neil Anderson

Preso en Irán
Dan Baumann

Dedico este libro al pueblo iraní, al que amo y admiro. Mi anhelo es que lleguen a conocer a Jesucristo y lo mucho que Él les ama.

Doy las gracias de todo corazón a todos los que oraron y trabajaron para sacarme de la cárcel. Les estoy eternamente agradecido por todo lo que hicieron por mí.

Estoy muy agradecido a Geoff y Janet Benge, por ayudarme a escribir este libro. Sus muchas horas de trabajo, su compromiso con la excelencia y, sobre todo, su amistad, me han bendecido profundamente.

ÍNDICE

El mundo necesita más héroes. Héroes verdaderos, no como los de Hollywood. Necesitamos hombres y mujeres no motivados por lo que puedan obtener en cierta situación, sino impulsados por su preocupación por los demás. Necesitamos héroes que realmente crean que el mundo puede cambiar y que no se rindan ante el cinismo y la incredulidad predominantes.

Necesitamos héroes que crean que pueden cambiar el mundo y actúen en consecuencia. Estos héroes se centran en lo que les motiva a actuar. Tienen lo que la Escritura llama «pureza de corazón» y «fe que produce obediencia».

Necesitamos también héroes genuinos, no como los de las películas que dicen una cosa y hacen otra. El heroísmo no consiste en ser perfecto sino en estar listo. Listo para dar la cara cuando llegue el momento, listo para morir por otra persona en tiempos de peligro, listo para ponerse de parte de un amigo en el momento oportuno. Y listo para reconocer las propias debilidades.

Dan Baumann es tal hombre. Genuino, transparente, a veces temeroso, pero siempre soñador de cosas importantes. Dan no es realista, de lo cual me alegro. Él vive para soñar. Ha sido cautivado por una idea irresistible que le motiva. Puede decir como el apóstol Pablo: «¡Una cosa hago!»

Dan no es perfecto, pero él lo reconoce antes que nadie. Lo que me encanta de él es que no se desanima. Confronta sus temores; y aunque le agobien, como a cualquier otro humano, vuelve a «montarse en el caballo» una y otra vez.

Yo fui testigo de su encarcelamiento, cuya experiencia refiere este libro. Traté con él íntima y personalmente. Palpé sus temores y su angustia. Pero también percibí que su compasión por amigos aún no conocidos era mayor que sus temores. Comprobé la verdadera motivación de Dan Baumann y superó el escrutinio.

Yo ruego encarecidamente a padres, abuelos y pastores de jóvenes que procuren que las personas a su cargo lean este libro. O mejor aún, léanselo a ellos. Comenten las lecciones que Dan aprendió, los sueños que le inspiraron.

Recuerde que una sola persona que crea —y actúe movida por una verdad apremiante— puede transformar el mundo.

Floyd McClung

Metro Christian Fellowship
Kansas City, EE.UU.

UNO

Algo que no habíamos tenido en cuenta

Irán, enero de 1997

La presión que me había oprimido el pecho por una hora se tornó en náusea provocada por un nudo de temor en el estómago. Un silencio opresivo flotaba en el aire, pero no consiguió detener los violentos latidos de mi corazón ni disimular el terror que estaba experimentando.

Mientras caminaba silenciosamente junto a mi compañero de viaje Glenn Murray, noté que nuestros apresadores no parecían estar armados, por lo cual me sentí agradecido. Aunque la temperatura del aire nocturno de Teherán descendía rápidamente, mis temblores no se debían al frío, sino al temor a lo desconocido.

Hacía bastante que había cedido el zumbido del tráfico de la hora punta. Pocos vehículos circulaban a esas horas bajo la mortecina luz de las calles, y aún menos personas se aventuraban a transitar por las estrechas aceras. En una fracción de segundo, me pasó por la cabeza que Glenn y yo lográbamos zafarnos de ellos y escapábamos antes que los guardias que nos precedían se dieran cuenta de nuestras intenciones. Pero estaba demasiado intimidado por los inesperados sucesos de las últimas horas para intentar una necia huída al estilo de James Bond. En vez de ello, seguí sumisamente a mis prendedores cuando doblaron la esquina. En seguida vi tres vehículos de aspecto siniestro estacionados junto al bordillo. Con un hombre a cada lado, nos acercamos al vehículo central, un Nissan Patrol.

—Déme sus gafas —me ordenó el señor Akram, el único que se había identificado cuando abrió el portón trasero del Patrol.

Mi corazón se vino abajo cuando me quité las gafas de alambre. Usaba lentes desde los catorce años y me solía dar dolor de cabeza cuando me los quitaba.

El señor Akram asió mis gafas, las introdujo en el bolsillo interior de su chaqueta y extrajo dos vendas negras. «Pónganselas», dijo ásperamente, mientras nos las alargaba.

Eché una última ojeada a Glenn y me puse la venda a regañadientes. Una vez que estuvo asegurada, una voz venida de atrás ordenó: «Súbanse ahora en el auto».

Sentí que me empujaban bruscamente hacia el borde de la acera. Para evitar caerme, extendí las manos y palpé lo que tenía delante; di con el asiento trasero del Nissan y me senté. Unos segundos después, Glenn estaba a mi lado.

Cerraron las puertas del vehículo con sendos portazos y echaron los seguros. En un instante el Nissan Patrol se alejó de allí.

—¿Te encuentras bien? —susurré a Glenn.

—De momento sí. Pero me sentiría mucho mejor si supiera adónde nos llevan y por qué.

—Yo también —repliqué con el mismo temor que percibí en el acento sudafricano de las palabras de Glenn.

—Cállense —gritó el señor Akram en el asiento delantero.

Como no quería polemizar con ellos en modo alguno, Glenn y yo guardamos silencio. Como gesto de apoyo y de ánimo, nos agarramos de la mano por el resto del viaje. A medida que el vehículo seguía recorriendo las calles de Teherán, mi cabeza bullía con una variedad de posibles escenarios, todos ellos espantosos. ¿Nos dirigíamos hacia otra reunión, una fría prisión o algo mucho peor? Un escalofrío me recorrió la espina dorsal cuando fui consciente de que nadie, salvo los aprehensores, sabía dónde nos encontrábamos.

Estábamos completamente a merced suya y podíamos fácilmente acabar muertos en una cuneta de carretera con una bala en la nuca. Dado que no teníamos los pasaportes, nadie sabría quiénes éramos o de dónde veníamos. En ese mismo instante bajé la cabeza y elevé una plegaria silenciosa para decirle a Dios que creía que Él estaba en control de toda situación, incluso de ésta, aunque mis palabras mudas poco efecto surtieron para asentar mi estómago revuelto.

Repentinamente, el Nissan chirrió y se detuvo. Las dos puertas delanteras se abrieron. El señor Akram y el conductor se apearon. Un instante después, la puerta trasera del Nissan Patrol se abrió. Yo esperé la orden de salir, pero no llegó. En vez de ello, otro hombre fue introducido a empujones en el asiento trasero. Con el rabillo del ojo, a través de un resquicio de la venda, pude ver a un hombre iraní de unos cincuenta años.

Las puertas del vehículo se cerraron con fuerza, y arrancamos de nuevo. Mientras el auto recorría las calles, yo me preguntaba quién sería el infortunado que estaba a mi lado. ¿Qué había hecho un ciudadano iraní para provocar la ira de su propio gobierno? ¿Sería acaso un seguidor de Jesús o un musulmán renegado que rehusaba orar en público? En cualquier caso, podrían derivarse graves consecuencias. Aunque me hubiera gustado conocer su caso, no había manera de hablar con él para satisfacer mi curiosidad y apartar mi pensamiento de mis problemas.

Viajamos por unos diez minutos; recorrimos calles estrechas hasta finalmente detenernos. Oí que se abrían grandes portones de hierro. El conductor intercambió breves palabras con alguien situado a la entrada y acto seguido avanzamos por el interior de lo que supuse una especie de recinto.

El Nissan Patrol se detuvo y a los tres se nos ordenó salir del vehículo. Durante el transcurso del viaje yo me las había arreglado para aflojarme la venda lo suficiente como para ver por un extremo y por la parte inferior. Mientras el señor Akram hablaba con alguien, yo giré la cabeza y me esforcé por figurarme dónde estábamos. No obstante, sin mis gafas, sólo pude ver, en la distancia, un muro de cemento, pintado de color crema.

Me dieron un empujón por detrás y me tambaleé hacia delante, intentando recuperar el equilibrio.

—Síganme —siseó una voz. Una mano me agarró de la muñeca y comenzó a arrastrarme hacia la derecha.

Mi corazón latió con fuerza. Sentí las ataduras del temor estrechar su cerco alrededor de mi pecho. Sabía que si no hacía algo, la ola de pánico que estaba brotando dentro de mí me aplastaría, y no sería capaz de afrontar lo que me pudiera sobrevenir. Para concentrarme, comencé a contar los peldaños que íbamos subiendo. Uno…tres… cinco…ocho…diez. Cuando llegamos arriba, Glenn y yo fuimos conducidos a una habitación.

—Quítense las vendas —ordenó un individuo.

Yo parpadeé mientras mis ojos se adaptaban a las brillantes luces fosforescentes que colgaban de un techo mugriento. Cinco hombres en pie, con semblantes amenazadores, nos escrutaban. Uno de ellos era el señor Akram, quien desde el comienzo de nuestra captura, hacía ya algunas horas, era el único que hablaba con nosotros. Los otros cuatro vestían arrugados uniformes. No vi ningún rastro del cautivo iraní que nos había acompañado. Para mi consuelo, el señor Akram se sacó las gafas del bolsillo y me las devolvió. Me observó mientras me las ponía y, acto seguido, sin mediar una sola palabra, se dio media vuelta y salió de la habitación, dejándonos bajo la custodia de los otros cuatro hombres uniformados.

Cuando el señor Akram cerró la puerta, uno de los hombres arrancó dos bolsas de basura de un rollo que había en un rincón. «Tome —me dijo, pasándome una de ellas—, saque todo lo que tenga y métalo aquí». Nos entregó dos hojas de papel y un lápiz y nos mandó escribir una lista de todo. A continuación tomó ropa de un montón que había en el rincón y nos la arrojó a los pies. «Póngansela», gruñó, disfrutando obviamente del poder que ejercía sobre nosotros.

El hombre hablaba farsi, lengua que yo entendía, de modo que traduje lo que había dicho a Glenn. Ambos comenzamos a despojarnos de nuestras pertenencias: relojes, camisas, pantalones, zapatos. Todo, excepto nuestra ropa interior debía ser introducido en las bolsas de basura.

Después de despojarme de la ropa, tomé las prendas que tenía delante: un par de calzoncillos largos y unos pijamas con bandas blancas y azules. Las dos piezas eran como dos tamaños inferiores al mío, aunque me las arreglé para ponérmelas y abotonarme la camisa. Anoté rápidamente en el papel las cosas de las que me había desprendido y lo deposité todo en la bolsa de basura. Me dejé adrede las gafas puestas, esperando que nadie me las volviera a quitar.

Una vez que esta humillante experiencia hubo pasado, Glenn y yo nos sentamos a esperar en un duro y tambaleante banco de madera. Conversamos quedamente, pero apenas pudimos ofrecernos mutuo consuelo. Descubrí que Glenn no había sido interrogado tanto como yo y que la mayor parte de las preguntas que le hicieron giraron en torno a mi nacionalidad estadounidense y a lo que yo estaba «realmente» haciendo en Irán.

Finalmente, después de unos diez minutos, se abrió la puerta: otro guardia irrumpió en la habitación y nos arrojó a los pies dos pares de chanclas de color naranja.

—Cálcenselas —ordenó—. Es hora de irnos.

Los pies comenzaban a entumecerse por causa del frío que rezumaba a través del suelo de cemento. Me puse las chanclas encima de los calcetines y me levanté sin tener idea de lo que podía suceder después. El guardia hizo un gesto para que Glenn y yo volviéramos a ponernos las vendas. Me quité las gafas y me deslicé la venda un poco floja sobre los ojos, confiando que nadie me confiscara aquéllas. No poder ver con claridad me hizo sentir muy incómodo y vulnerable. Desgraciadamente, uno de mis aprehensores volvió a quitármelas.

Una mano grande me agarró de la muñeca y descendimos un tramo de escaleras hasta un sótano tenebroso. Mientras descendía los peldaños con cautela, noté que había sacos terreros apilados a la izquierda. Me pregunté si el edificio habría sido usado alguna vez como refugio.

Al llegar al fondo, Glenn y yo fuimos separados. Oí sus chanclas sobre el suelo de baldosas cuando lo apartaron hacia la derecha mientras yo avancé un poco más antes de girar a la izquierda. Una luz rojiza brillaba en el extremo del pasillo por el que circulaba una corriente de aire. Antes de llegar a la luz, el guardia me mandó detenerme. Oí abrirse una puerta metálica y a continuación mi escolta me empujó hacia dentro. La pesada puerta se cerró tras de mí con una resolución inquietante. El pánico que antes sintiera trató de resurgir, por lo que oré en silencio a

Dios para nos concediera a Glenn y a mí la fuerza necesaria para afrontar la situación en solitario.

Me quité la venda de inmediato. Me hallaba en una celda como de un metro ochenta centímetros de ancho por dos metros cuarenta de largo. Retales de una alfombra fina cubrían el suelo, y un radiador de aceite, el extremo de la pared. En la parte superior del rincón izquierdo había un ventanuco tapado con una manta raída. Supuse que estaba allí para taponar el frío. A juzgar por el frío húmedo de la celda, no servía de mucho. Suspiré y me volví hacia la puerta metálica que me convertía en cautivo. Tenía una abertura similar a la de un buzón, como a unos treinta centímetros del suelo, sin solapa que la cubriera.

Di un par de vueltas a la celda y después me senté sobre la deshilachada alfombra, enfrente de la puerta, intentando controlar las emociones encontradas que me invadían. Deslicé las manos sobre mi poco tupido pelo marrón-rojizo e intenté convencerme de que se trataba de un error desgraciado. La embajada me sacará de aquí en un día como mucho, ¿o acaso no? Pero tenía mis dudas acerca de la influencia que tendría una embajada extranjera en Irán. Poco a poco, sentí la náusea paralizante de desesperanza, mezcla de temor y desesperación que empezaba a emerger del fondo del estómago. Me abracé las rodillas y las apreté en un vano intento por consolarme.

Me hallaba encerrado, solo, en el sótano de una cárcel de un país no precisamente amable para con los extranjeros, y menos aún para con los estadounidenses. Pero lo más inquietante es que no tenía la más mínima idea de la causa de mi encarcelamiento. ¿Qué sucedería si la embajada no podía hacer nada para sacarme de este embrollo? ¿Qué ocurriría entonces? Mientras la espera se dilataba, comencé a temer que bien podía consumirme en una prisión iraní sin que nadie, ni siquiera yo, supiera por qué estaba allí. Todo había resultado tan sencillo cuando Glenn y yo planeamos el viaje a Irán unas semanas antes. Creíamos haber pensado en todos los detalles. Teníamos grandes esperanzas de que todo transcurriera sin contingencias. Pero estábamos equivocados. No habíamos tenido en cuenta la posibilidad de acabar en la cárcel.

DOS

El hombre en el parque

La pelota silbó en el aire, rozó casi la red y se precipitó hacia mí. Corrí para interceptarla y estiré el brazo. Conseguí meter la raqueta debajo de la pelota y golpearla, de suerte que trazó un arco muy alto. Navegó perezosamente sobre la cabeza de mi contrincante, Glenn Murray, un sudafricano rubio y alto. La pelota subió tan alto que Glenn pensó que traspasaría la línea, por lo que no se molestó en perseguirla. No obstante, el efecto que llevaba hizo que cayera justo dentro de la línea de fondo, con lo que me anoté el juego.

—No puedo creerlo —dijo Glenn con un fuerte acento sudafricano, mirando el sitio donde había aterrizado la pelota—. La próxima vez no tendrás tanta suerte. ¡Qué calor hace! Bebamos un poco de agua antes del empezar otro juego si te parece.

—Parece un buen plan —dije yo mientras nos desplomábamos sobre dos sillas de plástico blancas al lado de la cancha y abríamos sendas botellas de agua.

Mientras bebíamos, un empresario europeo, emperifollado en un traje azul con chaqueta de botones cruzados y corbata de seda roja, se acercó portando un maletín de cuero. Sin duda se hallaba de camino hacia una importante reunión de negocios y probablemente asumió que Glenn y yo nos estábamos relajando después de haber asistido a otra. Habría tenido razón en parte; nos estábamos relajando. Glenn y yo nos reuníamos para jugar al tenis todas las semanas en el Gran Hotel Turkmeno. Sin embargo, nos encontrábamos en Turkmenistán por motivos muy distintos a los del elegante empresario. La mayoría de los hombres de negocios que se aventuraban por Asia Central lo hacía por una razón concreta: ganar el máximo dinero posible gracias a las vastas reservas de petróleo que rodean el mar Caspio. Pero nosotros habíamos viajado a Turkmenistán para compartir nuestra fe en Jesucristo. Glenn era profesor en un instituto de idiomas y yo me encontraba en el país por mediación de una organización cristiana llamada Juventud con una Misión (JUCUM). Desde 1988 yo había trabajado con JUCUM en varios países, tales como la India, Afganistán y Turkmenistán.

Durante mi primera semana en el colegio universitario *El Camino*, en septiembre de 1983, cuando di comienzo a mis estudios de economía y empresa, desarrollé un profundo interés por el pueblo turco que habita en la vasta franja de tierra que se extiende a lo ancho de Asia Central, desde Turquía hasta China. Mientras oraba en mi cuarto a principios de aquel trimestre, sentí que Dios me quería decir que un día iría a Asjabad para dar testimonio de mi fe. Yo nunca había oído hablar de ese lugar. Cuando lo busqué en el mapa descubrí que era la capital del estado conocido como Turkmenia, en la antigua Unión Soviética. Aunque al principio me pareció una idea absurda e imposible, yo sabía que si era la voluntad de Dios para mi vida, entonces, en el momento oportuno, Él la haría realidad.

En 1991, Turkmenistán surgió como nación independiente después de setenta años de dominio militar de la Unión Soviética. No obstante, los años de opresión del yugo soviético tuvieron grave repercusión en la economía y el pueblo de Turkmenistán. Toda forma de religión fue suprimida; los comunistas trataron con especial dureza a la pequeña comunidad cristiana que vivía en el país.

Turkmenistán ocupa el centro del mundo turco y limita por el sur con Irán, por el oeste con el mar Caspio, y por el norte y el este con Uzbekistán y Afganistán respectivamente. Aunque la mayor parte del pueblo turkmeno, o turcomano, vive dentro de las fronteras de Turkmenistán, cierto número de ellos se han esparcido por los vecinos Afganistán e Irán.

Cuando por fin surgió una oportunidad para viajar a Turkmenistán, di un salto de alegría. En efecto, trece años después que Dios me hablara acerca de Asjabad, residí en el país. Mi única razón para trasladarme a Turkmenistán fue compartir el amor de Jesús con el pueblo turkmeno. Para perseguir efectivamente esa meta, intenté hacer contactos y busqué formas concretas para que los cristianos de otros países ayudaran a los cristianos turkmenos y les animaran a extender las Buenas Nuevas entre sus conciudadanos, la mayor parte de los cuales eran musulmanes.

—Bueno, ¿cómo van las cosas, eh? —preguntó Glenn una vez que el hombre del traje se alejó de nosotros. Glenn acababa muchas de sus frases con la coletilla «eh». Era una especie de signo de interrogación verbal para indicar que esperaba una respuesta.

—Bien —repliqué yo—. Tengo un par de nacionales interesados en iniciar un estudio bíblico conmigo. Mi aprendizaje del ruso también está yendo bien.

Aunque el turkmeno era la lengua oficial hablada en Turkmenistán, el ruso seguía siendo la lengua común en las grandes ciudades. Por este motivo me lancé a estudiar el ruso tan pronto como pude. Un amigo mío llamado Sergei había accedido a darme clases de forma regular. Sergei tenía veintitantos años y me daba varias horas de clase diarias para enseñarme esa complicada lengua.

El aprendizaje del ruso resultó ser un reto más grande de lo que había imaginado, ya que me parecía incluso más difícil que el farsi que aprendiera cuando vivía en Afganistán. Fui a Kabul, la capital afgana, en 1988, a trabajar como administrador de un hospital, para poner en práctica el título de economía y empresa que había obtenido en la universidad de Wheaton, Illinois. Permanecí en Afganistán hasta 1993. Como fruto del tiempo que invertí en este país logré hablar fluidamente el farsi. Además del farsi también hablaba el sueco, lengua que aprendí en mi más tierna infancia de mi madre escandinava.

—El pueblo de Turkmenistán está actualmente bastante abierto a las Buenas Nuevas. En el colegio me hacen más preguntas que nunca acerca de lo que significa ser cristiano —dijo Glenn atusándose el pelo rizado. Respiró hondo y tragó un poco más de agua antes de proseguir—. Últimamente he deseado hacer algo para contactar con los turkmenos de Irán, ¿eh?

—Es interesante —repuse yo, quitándome las gafas y enjugándome la frente con una toalla—, porque últimamente he venido pensando lo mismo.

Una amplia sonrisa se dibujó en el rostro de Glenn.

—¿De verdad? —enfatizó—. Éste debe ser uno de los pueblos más aislados sobre la faz de la tierra. He oído decir que te puede caer la pena de muerte en Irán por tener una antena parabólica o por ver una película occidental, y ciertamente, por convertirte al cristianismo.

—Tienes razón, Glenn —asentí—. Pero existen medios eficaces de presentar las Buenas Nuevas a los musulmanes iraníes. Tan sólo hay que dar con la manera apropiada.

Los ojos de Glenn se clavaron firmemente en mí, por lo que continué.

—Visité Irán hace dos años y medio. Fue una experiencia interesante. Por dondequiera que fui encontré gente abierta a escuchar las Buenas Nuevas, especialmente si se les habla en su lengua y se comprende un poco sus formas culturales. Si pudiéramos conseguir que algunos cristianos turkmenos se mezclaran con los turkmenos que viven en Irán y se les presentaran las Buenas Nuevas en su propio idioma, podrían ocurrir cosas maravillosas.

—Esa es la respuesta —Glenn soltó de buenas a primeras—. Su rostro esbozó una sonrisa tensa, cargada de entusiasmo—. ¿Crees que podemos hacer algo para llevarlo a cabo?

—No lo sé —repuse yo—. Recientemente he sentido un extraño deseo de regresar a Irán e intentar hacer contactos estratégicos. Tal vez resulte algo. Ambos hacemos una buena pareja. Tú hablas el turkmeno y yo el farsi. Necesitamos el farsi para los asuntos oficiales y el turkmeno para poder contactar con los nativos turkmenos.

—Sí, pero ¿qué pasa con tu nacionalidad estadounidense? —inquirió Glenn—. Quiero decir que no están precisamente extendiendo una alfombra de bienvenida a los estadounidenses en Irán —yo sonreí.

No soy exactamente un norteamericano típico del sur de California —dije con sorna—; mis padres fueron inmigrantes; mi mamá es sueca y mi papá suizo. Gracias a papá cuento con doble nacionalidad. Cuando me hallo en esta parte del mundo, viajo con pasaporte suizo. Así es como entré en Irán la última vez y pude moverme con libertad.

—Oremos al respecto y veamos lo que sentimos la semana que viene, ¿eh? —sugirió Glenn.

A la semana siguiente Glenn y yo volvimos a reunirnos para jugar nuestra acostumbrada partida de tenis en el hotel. Entre juego y juego nos sentamos a discutir la posibilidad de trasladarnos a Irán para hacer una especie de viaje de reconocimiento para futuras empresas misioneras. Ambos sentimos que era una buena idea, aunque en la última semana habían surgido graves obstáculos, entre los cuales, el más importante era que no contábamos con ningún contacto en Irán. Sin ningún contacto, parecía poco probable que pudiéramos escapar a la ruta turística y conocer a turkmenos. Después de conversar otro poco, decidimos que si Dios nos enviaba un contacto, lo interpretaríamos como una luz verde para proceder con el próximo paso de nuestro plan. A lo largo de mi vida, Dios me ha mostrado confirmaciones concretas para indicarme que andaba por el camino correcto.

Sorprendentemente, no tuvimos que esperar mucho. Al día siguiente por la tarde yo estaba sentado en el Segundo Parque, no lejos de mi lúgubre apartamento en el distrito norte de Asjabad. Muchas tardes Sergei y yo nos íbamos al parque a practicar el ruso. Después de una tarde bregando para adaptar mi mente al sistema verbal ruso, opté por dirigirme a casa.

Siempre disfrutaba de un paseo tranquilo por el parque de camino al autobús que me acercaba a mi apartamento. Además de dar por concluida mi lección de ruso por aquel día, la gratificante brisa que soplaba en el parque brindaba una tregua en medio del calor normalmente opresivo de Asjabad.

Al acercarme a la puerta principal del parque, me percaté de un hombre que estaba sentado en un banco. Nada en particular le distinguía de cualquier otro hombre que paseara por el parque. Como la mayoría de los ancianos lucía una barba larga y vestía un deslucido traje color marrón y camisa blanca, el uniforme virtual de los hombres de clase media-alta de Turkmenistán. No obstante, había algo distinto en él que me atrajo de inmediato. Reduje mi viva marcha y traté de discernir qué debía de hacer. Yo no hablaba turkmeno, y ciertamente no me sentía lo bastante seguro como para sostener una conversación de altura con un extraño. También pensé que no era probable que él hablara el sueco o el inglés. La lógica me decía que siguiera caminando hacia la parada del autobús. No tenía razón alguna para intentar entablar una conversación con aquel hombre. Pero algo dentro de mí me aseguraba que Dios le tenía allí para una cita especial, de manera que hice caso al impulso que sentí.

Me acerqué al banco en el que estaba sentado, le saludé cortésmente, y me senté a su lado. Él me devolvió el saludo y apartó el periódico que nos separaba. Noté que inspeccionaba los vaqueros Levi, la camisa verde de Eddie Bauer y los mocasines que yo llevaba puestos. Era evidente que mi atuendo occidental junto con mi complexión de uno con ochenta y tres y pelo marrón rojizo me delataban como extranjero.

—¿Habla usted inglés? —le pregunté en este idioma. Me lanzó una mirada de sorpresa. Era evidente que no lo entendía. Volví a intentarlo, esta vez en farsi.

—¿Farsi meifamein? (¿Habla usted farsi?) —le pregunté.

—Bale —respondió para sorpresa y desconcierto míos.

—Salam allekum, ¿chetowrastein? (¿Cómo está usted?) —le pregunté, estrechándole firmemente la mano.

—Khubarn shoma chetowrid —repuso él, estrechando con fuerza la mía.

—Me llamo Dan Baumann y soy de los Estados Unidos —proseguí en farsi.

—Y yo Raheem, de Irán —replicó el hombre.

Apenas podía creer que mantenía esta conversación. Estaba probablemente sentado junto al único iraní que había en el parque y se mostraba afable, abierto y bondadoso. Procuré aparentar un aire informal, despreocupado, mientras hablaba con él, pero mi pensamiento bullía de entusiasmo con muchas preguntas. ¿Sería él el contacto que Dios tenía para Glenn y para mí en Irán? Conversamos en farsi.

Aunque había cierta diferencia de palabras entre el farsi que yo había aprendido en Afganistán y el farsi que se hablaba en Irán, a pesar de todo, nos las arreglamos para contarnos muchas cosas el uno al otro. Le dije a Raheem que me había criado en Estados Unidos y él, a su vez, me dijo que era turkmeno y clérigo, líder musulmán en Irán. También hablamos de nuestras familias. Después de veinte minutos de conversación, no pude contenerme más. Solté que Glenn y yo estábamos pensando visitar Irán.

—¿Cree usted que es una buena idea? —le pregunté. Los ojos de Raheem se iluminaron.

—Por supuesto, deben ir —exclamó—. Se lo ruego. Serán huéspedes de honor de mi familia mientras estén allí —y como para sellar el acuerdo sacó una pequeña libreta de su bolsillo y anotó algo.

—Tome —dijo, arrancando la página de la libreta—, si tienen algún problema para obtener el visado, entreguen esta nota a algún empleado de la embajada de Irán. He puesto mi dirección en la parte superior. Deben ir a visitarme. Espero verles a usted y a su amigo.

Conversamos un poco más y Raheem dijo que se tenía que marchar. Nos pusimos de pie, nos despedimos, y le vi alejarse y franquear la puerta del parque. Me quedé allí de pie, sujetando la nota que Raheem acababa de darme, maravillado de lo que acababa de suceder. Ese pequeño encuentro parecía ser la evidencia tangible de que Dios ciertamente quería que Glenn y yo visitáramos Irán. ¿Qué, otro motivo, podía impulsar a un extraño, líder musulmán, a invitar a un joven cristiano estadounidense a ser huésped de honor en su casa de Irán, un país intolerante con el cristianismo y los occidentales?

Estaba deseoso de darle la noticia a Glenn. Esa misma tarde, con gran entusiasmo, crucé la ciudad para verle en su apartamento. Le conté lo del encuentro con Raheem en el parque y su invitación de visitarle en Irán. Glenn también tenía buenas noticias. Convencido de que debíamos emprender el viaje, él había contado a algunas personas nuestra intención de visitar Irán. En consecuencia, otro de los profesores extranjeros en la ciudad quería acompañarnos. El joven se llamaba Greg y tenía veinte años. Glenn me dijo que Greg dominaba el ruso, lo cual supondría una gran ayuda para el viaje. Uno de los inconvenientes, sin embargo, es que era estadounidense, lo cual significaba que podía encontrar obstáculos para obtener el visado de entrada en Irán. Glenn añadió que había otro hombre que también quería acompañarnos. Era un turkmeno cristiano llamado Mustafá, que tenía un primo segundo en Irán al que quería visitar. Con la destreza lingüística de Greg y un turkmeno con un contacto en Irán, Glenn y yo acordamos que sería útil contar con la compañía de los dos hombres. Para evitar sospechas innecesarias en la embajada de Irán, decidimos que lo mejor sería no mezclar nuestros papeles al tramitar el visado.

Solicitamos nuestros visados días antes que los otros dos hombres para que los funcionarios de la embajada no sospecharan que viajábamos en grupo. Unos amigos nos habían advertido que los funcionarios iraníes a veces sospechaban cuando grupos de extranjeros pretendían viajar juntos a Irán.

Al día siguiente por la noche, me senté en mi apartamento a rellenar la solicitud del visado para Irán. Yo ya había rellenado muchos documentos similares, ya que había visitado más de cincuenta países. El formulario iraní parecía básicamente idéntico a los demás. El primer dato era el «lugar de nacimiento». Yo anoté Santa Mónica, California, Estados Unidos de América. Después añadí mi fecha de nacimiento.

En tercer lugar se pedía indicar la nacionalidad. Yo puse «suizo». Era verdad porque en el estado suizo regía una ley que dice que cualquiera que tenga un padre nacido en Suiza podía ser registrado como ciudadano suizo y exhibir este pasaporte. Yo sabía que los iraníes no tendrían dificultad en entender el concepto de pertenecer al lugar de origen del padre. En las culturas orientales el lugar donde naciste no es tan importante como el lugar donde la familia de tu padre ha vivido por generaciones.

El siguiente dato que se pedía me hizo reflexionar un poco. ¿Tiene doble nacionalidad con algún otro país? Yo sabía que si respondía afirmativamente y ponía Estados Unidos, corría el riesgo de que me denegaran el visado. Pero no podía escribir que no. Eso sería mentira. Finalmente decidí dejar el espacio en blanco. Era evidente para cualquiera que leyese atentamente la solicitud que también era estadounidense, ya que había nacido allí.

Al día siguiente llevé la solicitud a la embajada iraní, un edificio rectangular de color beige situado en el centro de la ciudad y decorado con azulejos azules grabados con varios lemas en escritura artística persa. El interior estaba inmaculadamente limpio y decorado con grandes plantas en tiestos, como para enmarcar un amplio espacio cuadrado delante de un mostrador de madera. El lugar desprendía una aureola de eficacia y decoro que parecía extraño para Turkmenistán. No había línea delante del mostrador, de modo que me presenté directamente y entregué nerviosamente mi solicitud de visado al funcionario que me atendió. El hombre echó una ojeada rutinaria al formulario y me preguntó qué lugar quería exactamente visitar. Metí la mano en el bolsillo de mis vaqueros y saqué el pedazo de papel que Raheem me había dado en el parque. Los ojos del funcionario se alzaron ligeramente mientras leía la nota; a continuación la dobló y me la devolvió. Garabateó algo con un lápiz en la parte superior de la solicitud y me dijo que regresara en dos semanas. «Para entonces —me aseguró— habrá sido procesada su solicitud y sabrá si se le ha concedido el visado».

Dos semanas después, en una fresca tarde de otoño, volví a la embajada de Irán. Me sentía nervioso al acercarme al mostrador y le dije al funcionario que me atendió que iba por lo del visado. Para sorpresa mía, me esperaban buenas noticias. Me había sido concedido. Me di prisa para comunicar a Glenn que saldríamos pronto de viaje.

TRES

En la frontera

El jueves, 19 de diciembre de 1996, Glenn y yo nos citamos enfrente de la embajada de Irán para recoger nuestros visados. El único trámite que faltaba era pagar una tasa de cincuenta dólares y sellar el visado en los pasaportes.

Permanecimos fuera del severo edificio por un momento, charlando acerca de lo que había sucedido en las últimas semanas.

—Mala noticia lo de Mustafá, ¿eh? —comentó Glenn—. No hay manera de que obtenga documentos antes del próximo jueves.

Yo asentí con un movimiento suave de cabeza. El intento de Mustafá de obtener permiso para viajar por Irán resultó frustrante y descorazonador. Como ciudadano de Turkmenistán él no necesitaba visado para entrar en Irán. Pero para viajar por el país necesitaba un permiso oficial que le autorizase a hacer escala en los lugares concretos que pretendía visitar. Para obtener el permiso correspondiente tenía que facilitar a las autoridades iraníes la dirección de las personas que deseaba visitar y dónde se pensaba alojar en cada ocasión.

—Le han enviado de un sitio a otro —dijo Glenn, gesticulando con la cabeza, mirando hacia la puerta de la embajada iraní—. Le han dicho que tendrá que esperar un mes, o más, para saber si le han concedido permiso para viajar por el país.

—¡Qué lástima! —dije yo sinceramente—. Mustafá nos habría prestado una gran ayuda en el viaje.

Francamente, la idea de no contar con él como guía e intérprete me puso un poco nervioso. Dudé del éxito que podríamos obtener en el intento de contactar con otros turkmenos en Irán sin contar con su ayuda.

También supimos que Greg no podría acompañarnos. Él había solicitado el visado dos veces. En ambas ocasiones recibió una pronta respuesta, un sello rojo en su solicitud indicando que le había sido denegada. Dado que todos habíamos solicitado nuestros visados en la misma oficina, nos pareció obvio que Greg había quedado descartado por causa de su nacionalidad estadounidense. Pensé que resultaba un poco extraño que ningún empleado de la embajada me preguntara acerca de mi nacionalidad suiza, aunque había nacido en los Estados Unidos. Pero no me preocupaba demasiado. En el último viaje que hiciera a Irán, había mostrado mi pasaporte suizo sin que me causara problemas en la frontera.

Como de costumbre, la embajada iraní era un modelo de vigorosa eficiencia. Una vez dentro, Glenn y yo pagamos las tasas correspondientes y el oficinista estampó el visado en nuestros pasaportes que nos permitía entrar en Irán el jueves 26 de diciembre, esto es, una semana después.

Todo parecía decidido excepto un detalle. Glenn aún no contaba con el permiso oficial para viajar a Irán del jefe del grupo al que prestaba sus servicios como maestro. Pasó el fin de semana y todavía no había recibido aprobación para marchar. Llegó el día de Navidad —aunque era un día cualquiera en un Turkmenistán controlado por el Islam— y aún Glenn no había recibido respuesta. Yo empecé a sentir angustia. Si no viajábamos pronto, nuestros visados expirarían. Finalmente, a última hora de la tarde, llamaron a la puerta de mi apartamento. Cuando abrí la puerta, apareció Glenn con el rostro iluminado por una amplia sonrisa.

—Por fin me han concedido permiso —anunció.

Un borbotón de emociones encontradas brotó en mí al recibir la buena noticia. Por supuesto, me alegré de saber que por fin íbamos a viajar, pero esa alegría estaba empañada por un tinte de temor. Resolví que la aprehensión probablemente tenía algo que ver con el hecho de que tendríamos que cruzar la frontera iraní por una de las rutas menos transitadas y más aisladas del norte, no muy frecuentada por occidentales. ¿Quién podía prever el tipo de dificultades con que podríamos toparnos?

En el apartamento, Glenn charlaba animadamente mientras yo echaba las cosas que necesitaba para el viaje en una bolsa de cuero marrón. No necesitaba mucho, sólo un par de mudas, un saco de dormir, una cámara, un cuaderno, Biblia y cartera. Guardé 300 dólares en la cartera suponiendo que sería suficiente para el viaje. En tanto en cuanto nos apartáramos de las principales rutas turísticas, podríamos reducir considerablemente los gastos. De hecho, me admiraba de lo que daban de sí unos pocos dólares una vez convertidos a la divisa local.

Después de recoger todas mis pertenencias nos dirigimos al apartamento de Glenn para recoger sus cosas. Él vivía cerca de la estación de autobuses desde donde partiríamos en la madrugada del día siguiente para cubrir los casi doscientos kilómetros que separan Asjabad de Mashad, la segunda ciudad de Irán, al otro lado de la frontera.

Nos detuvimos en un restaurante para cenar y llegamos al apartamento después de la puesta de sol. Extendí mi saco de dormir sobre el suelo y me dispuse a retirarme a descansar. Teníamos un largo día por delante y quería descansar lo más posible antes de partir.

—¿Qué deberíamos de llevar, eh? Hay que decidirlo —dijo Glenn mientras yo extendía mi saco de dormir. Tomó un libro de la estantería que había detrás de su deshilachado sofá. Era un libro cristiano escrito en persa.

—¿Qué te parece? ¿Llevamos algo así? —preguntó.

Su pregunta me tomó por sorpresa. Íbamos a emprender un viaje exploratorio a Irán para ver si podíamos hacer algunos contactos entre cristianos turkmenos y sus parientes musulmanes al otro lado de la frontera. Yo no había pensado en la posibilidad de introducir libros cristianos en Irán.

—Estoy de acuerdo con el plan de introducir materiales cristianos en Irán —respondí—, pero si nos pillan con libros como ése, podemos acabar en la cárcel —Glenn asintió—.

La cuestión es si en este viaje debemos hacer contrabando de libros o sencillamente hacer contactos para que los cristianos turkmenos puedan seguir yendo a Irán a compartir las Buenas Nuevas.

—Buen punto —admitió Glenn—, pero es una pena que no llevemos nada con nosotros. ¿Qué te parece esto? —preguntó tomando del estante una copia de la película *Jesús* doblada en persa.

Pensé por un momento en mi viaje anterior a Irán.

—No me chequearon en aquella ocasión —concedí—. Supongo que podemos llevarlo encima cuando crucemos la frontera.

Unos segundos después me tendí en el suelo, en mi saco de dormir. Pero, a pesar del cansancio, no pude conciliar el sueño. Mientras Glenn roncaba plácidamente en su cama, yo daba vueltas y más vueltas sobre la fina alfombra. La cena que antes tomara se había transformado en un ardoroso bulto en el fondo de mi estómago. De manera que, en vez de dormir, representé mentalmente diversas escenas de lo que podía esperarnos en Irán.

En el transcurso de la noche, oí ruido de automóviles y algunos autobuses que circulaban por una de las principales avenidas de Asjabad, a una manzana y media de distancia. Más cerca, el ladrido de un perro desató un desenfreno de ladridos y aullidos en las cercanías. Y alrededor de las tres de la madrugada se oyó un portazo en uno de los apartamentos adyacentes y estalló una marejada de gritos entre un hombre y una mujer.

Finalmente, como a las cuatro de la madrugada, me quedé dormido para despertarme una hora después, cuando sonó el enojoso zumbido del despertador de Glenn. Me arrastré fuera del saco de dormir con dificultad y me restregué los ojos, que fueron poco a poco adaptándose a la luz de la desnuda lámpara incandescente que iluminaba la sala desde el techo. No hubo necesidad de vestirse, ya que había dormido vestido. Tan sólo me pasé por encima las manos para suavizar algunas arrugas. No tenía ganas de desayunar. Todavía sentía en el estómago la cena del día anterior. Y no hubo tiempo para tomar un poco de té. Teníamos que salir del apartamento en quince minutos, por tanto, entré en el baño para lavarme la cara con agua fresca.

Antes de salir a la calle, Glenn y yo tomamos varios minutos para orar. Pedimos a Dios que bendijera nuestro viaje y nos ayudara a cruzar la frontera a salvo, sin incidentes, y que hiciéramos amigos iraníes durante el viaje.

Por fin, llegó la hora de salir hacia la estación de autobuses. Me puso la chaqueta y metí el vídeo de la película *Jesús* en el bolsillo interior.

—¿Se nota? —le pregunté.

—Yo no noto nada —replicó Glenn negando con la cabeza.

Glenn levantó una pequeña mochila, la cargó sobre su espalda y me siguió, apagando la luz y cerrando la puerta con llave.

Fuera, en la oscuridad de la madrugada, vimos muy pocas personas. Caminamos una manzana y media hasta una de las calles principales de Asjabad. No hacía falta preocuparse por encontrar un taxi. En Turkmenistán, casi cualquier conductor se detiene si se le hace una indicación. Por unos pocos dólares están dispuestos a acercarte a cualquier lugar. En esta ocasión no tuvimos que hacer ninguna señal. Antes de llegar al bordillo de la acera, un viejo y destartalado Volga ruso paró a nuestro lado. El conductor, un hombre de edad mediana, con pelo canoso y una nariz carnosa enrojecida, se inclinó para comunicarse a través de la ventana derecha.

—¿Necesitan que les acerque a alguna parte? —preguntó cortésmente en turkmeno.

—Sí, gracias—respondió Glenn, abriendo la puerta trasera del viejo automóvil gris.

Diez minutos después el conductor nos dejaba a buen recaudo en la estación de autobuses de Asjabad. Pasé por debajo de una farola y comprobé la hora. Eran exactamente las seis de la madrugada. Había tres grupos de personas esperando en la penumbra. Glenn y yo nos incorporamos al grupo que esperaba bajo un letrero que rezaba «Mashad».

Además de nosotros, esperaba el autobús una docena de viajeros. Les examiné atentamente. Dos mujeres vestían largos atuendos tradicionales, con la cabeza tapada con bufandas de colores. A su lado había un grupo de jóvenes que viajaban con varios objetos de plástico atados con cordeles.

Antes de entablar conversación con alguno de los miembros del grupo, un autobús blanco, sucio y destartalado, que echaba humo negro, se detuvo delante de nosotros y todos nos subimos a bordo. Tan pronto como hubimos acabado de colocar nuestros bultos debajo del asiento o sobre el desvencijado portaequipajes, el conductor movió la palanca del cambio de velocidades y aceleró. El autobús expulsó una intensa cortina de humo negro.

Avanzando por las calles de Asjabad aparecieron las primeras luces del alba sobre una ciudad que empezaba a desperezarse. Una vez que dejamos atrás la ciudad salió el sol.

Asjabad se encuentra a sólo cincuenta kilómetros de la frontera, pero tardamos una hora y media en cubrir esa distancia. Poco después de abandonar la ciudad empezamos a escalar los montes de Kōpetdag, que separan Turkmenistán de Irán. El motor diesel del autobús gemía y bramaba cada kilómetro que recorríamos. A la desesperante velocidad que avanzábamos supuse que llegaríamos a Mashad bien entrada la noche.

Sin embargo, la lentitud del viaje nos proporcionó tiempo para conocer a nuestros compañeros de destino. Muchos de ellos eran pequeños comerciantes que viajaban a Irán para vender rollos de tela negra de algodón envueltos en papel marrón. Uno de los hombres nos explicó que el tejido se usaba para confeccionar los velos que las mujeres iraníes exhibían en público.

Nuestros compañeros de viaje también sentían curiosidad por nosotros y querían saber por qué dos occidentales viajaban en aquel autobús con ellos. Glenn les explicó que íbamos a visitar Irán para ver si podíamos establecer algún acuerdo comercial para algunos amigos turkmenos. Esta noticia animó mucho a los jóvenes que empezaron a sugerirnos cómo podíamos actuar.

Como después de una hora, un amenazador silencio invadió el autobús. La gente comenzó a buscar sus pasaportes y otros documentos de viaje en sus bolsas. Era obvio que nos estábamos aproximando a la frontera. Yo palpé en el bolsillo de la chaqueta mi pasaporte. Estaba bien guardado, junto al vídeo *Jesús*.

El autobús se paró en un pequeño puesto de control en medio del campo. Un oficial turkmeno subió al autobús y se puso a comprobar si alguien intentaba exportar materiales ilegales. Algunos artículos fueron confiscados en medio de un torrente de acaloradas palabras, pero veinte minutos después proseguimos el viaje.

Pero la siguiente parada tenía un aspecto mucho más siniestro. Hicimos un brusco giro en la carretera y divisamos una valla de alambre de púas. Levanté el cuello y vi, a un lado de la carretera, una pequeña estructura de bloques de arenisca rodeada de soldados en uniformes verdes que abrazaban ametralladoras AK-47. El conductor redujo la velocidad y se detuvo justo delante de la estructura.

Ningún pasajero profería palabra alguna cuando los soldados subieron a bordo y gruñeron órdenes en ruso.

—Salgan —gritaron— y saquen sus equipajes.

Todavía nos encontrábamos del lado de la frontera turkmena, por lo que no me preocupaba demasiado. Estaba seguro de que se trataba de un control rutinario para comprobar que los pasajeros que ocupaban el autobús contaban con los permisos adecuados para salir de Turkmenistán y entrar en Irán.

Todos se movieron al unísono, deseosos de cumplir la exigencia de los soldados. Yo bajé mi bolsa del portaequipajes y me uní al flujo de personas que descendían del autobús.

Un viento frío me azotó las piernas al bajarme del vehículo. En ese momento me arrepentí de no haberme puesto calzoncillos largos debajo de los vaqueros. El abrigo de un sombrero tampoco me habría venido mal, ya que se me quedaron las orejas casi instantáneamente congeladas a causa del viento gélido que soplaba de las montañas.

—Todavía no han abierto —comentó uno de los pasajeros mientras todos nos apretujábamos para resguardarnos fuera del edificio. En voz baja, el pasajero añadió—: Fíjense cuando empiecen a registrar el autobús. No han visto nada semejante.

Quince minutos después entendí lo que quería decir. Un grupo de soldados invadió el autobús como un enjambre de hormigas hambrientas. Desmontaron los paneles laterales, golpearon las ruedas y sus arcos con varas. Desmontaron incluso los faros y comprobaron el interior.

—Están buscando drogas, aunque en ninguno de mis viajes han encontrado nada. —nos confió a Glenn y a mí un amigable pasajero.

La puerta del edificio de bloques de arenisca gris se abrió en seguida. Todo el mundo recogió sus cosas e hizo fila. Glenn y yo nos pusimos al final de la fila. Ésta formó un semicírculo entre la fachada y la puerta del edificio. Después de unos diez minutos, la cola había avanzado lo suficiente como para ver lo que pasaba dentro. Vimos que nuestros compañeros de viaje iban mostrando uno por uno sus documentos y colocando sus bolsas sobre una mesa larga y estrecha. Un soldado examinaba los documentos personales y, una vez comprobados, y satisfecho de que estaban en regla, indicaba a otros dos soldados que registraran meticulosamente las bolsas. Además de vaciar las bolsas, palpaban los laterales de las mismas para comprobar si ocultaban algún compartimiento que pudiera contener artículos de contrabando.

Después de observar el proceso varias veces, comencé a ponerme nervioso. Si los aduaneros eran tan meticulosos a este lado de la frontera, ¿cuánto más estrictos serían los iraníes? Palpé el bulto del vídeo de la película *Jesús* en el bolsillo de la chaqueta y empecé a temer que algún guardia lo notara y me interrogara para averiguar de qué trataba.

—No sé lo que puede suceder si me sorprenden con este vídeo —susurré a Glenn.

—Yo tampoco —dijo él—. Estos guardias son estrictos, ¿eh? ¿Qué piensas que deberíamos hacer?

—Creo que debemos deshacernos de la cinta, y cuanto antes, mejor —respondí—. No merece la pena poner en peligro nuestro viaje por este motivo.

Glenn asintió con la cabeza.

—¿Cómo? —preguntó.

Déjalo en mis manos —le dije, aparentando mayor confianza de la que en realidad sentía. Miré a mi alrededor buscando un sitio donde arrojar el vídeo. No había un sitio adecuado dentro del edificio. Yo notaba como si los ojos de los guardias me perforaran la espalda. *¡Señor, ayúdame! ¿Qué debo hacer?* De repente, tuve una idea. No había excusado en el edificio. Miré más allá del estacionamiento y divisé una pequeña dependencia un poco apartada.

—Glenn —susurré—, diles que necesito ir al baño y que no hablo turkmeno.

Glenn dio un paso y se dirigió al soldado más cercano. El soldado frunció el ceño y masculló algo en voz baja antes de indicarme que le acompañara. Me condujo hacia la dependencia exterior.

Una vez dentro de la raquítica estructura de madera, eché el cerrojo. Tenía sentimientos encontrados cuando saqué el vídeo del bolsillo de la chaqueta. Por una parte, me sentía un poco decepcionado conmigo mismo. No era capaz de imitar al Hermano Andrés; no me atrevía a seguir las pisadas del intrépido contrabandista de Biblias a través de fronteras hostiles. Con todo, me dije a mí mismo que no valía la pena correr riesgos innecesarios que pusieran en peligro el propósito que nos movía. El contrabando no era el objeto de nuestro viaje. El motivo que nos impulsaba era hacer buenos contactos para visitas futuras.

El vídeo hizo ruido al caer en el fondo del hoyo. Después de librarme del vídeo me sentí mucho mejor. Salí del retrete para volver donde estaban los pasajeros. Glenn ya estaba dentro, cerca de la mesa. Me puse en la cola, detrás de él y le hice una señal sutil con el pulgar hacia arriba.

Cuando me tocó el turno, extendí mi pasaporte suizo y puse mi bolsa sobre la mesa. El soldado hojeó las páginas del pasaporte hasta encontrar el recién estampado visado de entrada en Irán. Lo examinó y me lo devolvió. Los otros dos soldados se limitaron a hacer una rutinaria búsqueda en mi bolsa y me hicieron una señal para que pasara.

Glenn y yo esperamos junto a la pared de un extremo de la sala mientras el resto de pasajeros metían sus pertenencias en sus respectivas bolsas. Algunos de ellos discutían a voz en grito con los soldados, mientras varios hombres negociaban y trataban de llegar a un acuerdo con los guardias.

Finalmente, después de más de dos horas de espera y de subirnos todos a bordo, el autobús reanudó su viaje en dirección a Mashad. Recorrimos varios kilómetros hasta toparnos con una verja metálica. Más allá de la verja se alzaba un edificio con escritura persa pintada y una bandera iraní que ondeaba en la insistente brisa. Después de pasar por un punto de control el autobús se detuvo delante del edificio.

Una vez más se nos ordenó salir del autobús y hacer una cola sencilla para pasar por la aduana iraní. Cuando franqueé la puerta mi nerviosismo se cuadruplicó. Se apoderó de mí un sentimiento casi palpable de estar sometido a un control total. Habíamos llegado a un país en el que oficialmente el mensaje central de nuestra fe no era bien recibido e incluso era aplastado insistentemente.

Me volví para echar una última mirada a Turkmenistán y divisé una furgoneta Toyota blanca cruzar la frontera. Era poco común encontrar un vehículo tan moderno en esta parte del mundo. Forcé la vista para ver quién viajaba dentro. Vi dos individuos y reconocí claramente que a uno de ellos le había visto en alguna parte, aunque no recordaba dónde. Por fin me acordé y tuve una corazonada. Uno de ellos era el joven de la embajada iraní en Asjabad que había emitido mi visado. *¡Qué extraña coincidencia que esté justo detrás del autobús!,* pensé, antes de desviar mi atención al edificio en el que acabábamos de entrar.

Me fijé bien en aquella sala. Era grande y austera y estaba decorada con un retrato del ayatollah Khomeini pintado en colores chillones sobre una tela negra. Tuvimos mucho tiempo para examinar el retrato mientras esperamos más de una hora para ser atendidos por los funcionarios de la aduana. Como de costumbre, tuvimos que rellenar más formularios, pero el proceso fue lento. Después de tener la fecha de entrada estampada en el pasaporte, fuimos conducidos al vestíbulo de la aduana, en donde nos esperaba más papeleo. Tampoco allí tuve problemas, por lo que me sentí aliviado. El funcionario de aduanas apenas miró mi bolsa. Poco después me hallaba sentado en el autobús al lado de Glenn.

Otros pasajeros comenzaron también a desfilar hacia el autobús. Cuando el hombre que iba detrás de nosotros colocó sus cosas en el portaequipajes, sintió curiosidad por ver el pasaporte de Glenn y le dijo algo en turkmeno.

Con una mirada de sorpresa Glenn le prestó su pasaporte. Yo observé que examinaba atentamente sus páginas. Un instante después, Glenn y él se enfrascaron en una animada conversación. Un par de minutos más tarde Glenn se volvió hacia mí con una mueca de consternación.

—Dice que aún no hemos acabado, ¿eh? Hay que firmar una hoja de papel en la que hay que poner la cantidad de dinero que hemos traído al país. No tenemos hojas, pero él dice que es muy importante.

Glenn y yo volvimos a bajarnos del autobús. Preguntamos a otro pasajero dónde daban el papel y nos pusimos a la cola. Ésta avanzaba lentamente, pero conseguimos llegar al frente, en donde un funcionario nos pidió que le mostráramos el dinero que llevábamos.

Yo saqué 300 dólares de mi cartera y esperé a que el funcionario los contara pausadamente. Cuando hubo acabado, tomó una hoja de color rosado y registró la cantidad. A continuación, puso un sello sobre lo que había escrito y luego un pedazo de papel celo encima. Supuse que ésta era la manera en que los iraníes evitaban que un documento fuera falsificado.

—Este papel es muy importante —dijo Glenn, repitiendo lo que el funcionario le acababa de decir—. Es muy difícil salir del país sin este documento.

Yo ciertamente no deseaba tener problemas cuando saliéramos de Irán, de manera que doblé el papel cuidadosamente y lo metí entre la tapa y la última página del pasaporte.

—Sí —exclamé al subirnos al autobús por última vez. Al menos eso era lo que pensábamos—. Lo hemos conseguido.

Una bocanada de alivio me inundó. Lo peor había quedado atrás. Se nos había concedido los permisos que nos autorizaban a viajar libremente por Irán. En dos semanas cruzaríamos la frontera para volver a Turkmenistán. Abrigábamos la esperanza de establecer varios contactos valiosos para nuestros amigos turkmenos.

CUATRO

Hacia Teherán

Apenas recorrimos unos kilómetros cuando el autobús tuvo que volver a parar para someterse a otro control policial un poco más allá de la frontera. En esta ocasión, fue la policía iraní la que nos ordenó bajar del autobús. Yo dudé que un solo día bastara para llegar a Mashad. Una vez que todos se bajaron, formamos una línea paralela al autobús mientras un policía comprobaba los documentos de viaje y otro chequeaba a cada persona. Cuando el policía llegó a mi turno, me hizo quitarme la chaqueta y mostrarle cada pedazo de papel que llevaba en los bolsillos. Me alegré mucho de no llevar la cinta de vídeo conmigo.

Después de hojear mi pasaporte y de comprobar mi visado, el policía se volvió hacia el hombre que estaba a mi lado y empezó a bombardearle con preguntas en turkmeno, en tanto su colega me chequeaba, en busca de un posible contrabando oculto. Mientras el policía hablaba con el pasajero turkmeno no cesó de volver la vista hacia Glenn y hacia mí. Yo estaba seguro de que hablaban de nosotros, pero no tenía ni idea de lo que decían. Finalmente, Glenn susurró:

—Está preguntando al pasajero quiénes somos y qué hacemos en el autobús.

Yo sonreí y esperé con ansiedad. Al final, el policía pareció satisfecho con las respuestas que recibió y siguió reclamando los documentos del resto de los pasajeros.

Después de comprobarlos todos, la policía dirigió su atención al autobús. Lo mismo que los soldados del lado de la frontera turkmena, éstos se comportaron metódica y minuciosamente, en pos de cualquier cosa que fuera ilegal.

Cuando los dos policías se acurrucaron debajo de la parte trasera del vehículo, para rematar su búsqueda, uno de los pasajeros soltó una gracia en voz alta, en turkmeno. La gente estalló en una sonora carcajada.

Glenn me lo tradujo: El hombre ha dicho: «¿Qué están buscando? ¿Pollos?»

Yo también me eché a reír, y aunque no entendí el chiste, venía bien hacer algo para rebajar la tensión que flotaba en el ambiente. Después de todos los controles que habíamos tenido que soportar en compañía, se desarrolló rápidamente una sana camaradería entre los pasajeros.

Una hora más tarde la policía concluyó su búsqueda y el autobús empezó a serpentear por entre escondidas aldeas de montaña. La lenta marcha me dio oportunidad de escrutar las pequeñas comunidades iraníes por las que atravesábamos. Me admiré de cuán distinta era esta arquitectura de los bloques grises de pisos de Asjabad. Las casitas de barro me recordaban las viviendas de adobe de las aldeas mexicanas. Muchas localidades ofrecían coloridos mercados al aire libre que bullían de gente comprando y vendiendo mercancías. Al ver tanta gente no pude menos que preguntarme quién les comunicaría las Buenas Nuevas. En todas las aldeas por las que pasábamos nadie había oído hablar del amor de Jesús. Yo me consideré realmente privilegiado por estar allí; mi corazón comenzó a exultar de alegría: por fin me encontraba en Irán y pronto conocería personas nativas.

La tarde iba cayendo cuando divisé por primera vez en la distancia lo que supuse sería Mashad. La ciudad parecía brillar tenuemente en la huidiza luz del atardecer. Yo ansiaba llegar al final de un duro día de viaje. Pero antes de alcanzar nuestro destino, tuvimos que detenernos una vez más en los primeros suburbios.

El sol ya se había ocultado cuando el autobús giró hacia un espacio de mercado al aire libre, iluminado por unos faroles mortecinos, hasta detenerse. El conductor masculló unas cuantas frases en turkmeno antes de bajarse del autobús.

—Pararemos una hora —me informó Glenn—. Será mejor que nos bajemos y comamos algo.

—Yo asentí encantado. No habíamos comido nada desde la noche anterior; de repente, desperté a los retortijones que me estaban torturando el estómago.

Nada más al bajarnos del autobús, fuimos inmediatamente rodeados por hombres que nos instaban a cambiar divisas con ellos.

—¿Dólares? —nos preguntaban y nos presionaban—. ¿Tienen dólares?

Caminamos unos pocos metros y así mi billetera. Saqué cinco billetes de veinte dólares y se los mostré al hombre que estaba más cerca. Él sonrió y me extendió un puñado de *riales*, la divisa nacional.

Conté el taco de billetes sucios e hice rápida y mentalmente la cuenta. El tipo de cambio me pareció justo, así que moví afirmativamente la cabeza e intercambiamos el dinero. Doblé los riales y los guardé en la cartera, junto con los dólares que me quedaban.

—¿Qué te parece unos kebab para cenar, eh? —sugirió Glenn después de efectuada la transacción.

Nos acercamos a una zona de restaurantes al aire libre con sillas plegables extendidas. El dueño mostró un interés inmediato por sus clientes extranjeros. Le hicimos nuestro encargo y al cabo de poco nos trajeron dos fuentes llenas de kebabs de cordero sobre una guarnición de arroz blanco bien presentado. Después del largo día de viaje que habíamos tenido que soportar, habría engullido cualquier cosa, pero los kebab estaban deliciosos, como también el arroz. La comida no estaba grasienta, como el arroz que se servía en Turkmenistán.

También pedimos té. Aún nos hallábamos bebiéndolo cuando oímos la bocina ya familiar del autobús que anunciaba su partida. Era hora de cubrir la última fase del trayecto.

Nuestros compañeros de viaje fluyeron hacia el autobús llevando algunos platos de comida y tazas de bebida, que se tomaron mientras recorríamos las estrechas calles hasta el centro de Mashad. Mirando por la ventanilla recordé que pronto tendríamos que pensar en algún tipo de alojamiento.

—Oye, Glenn —le dije—, pregunta a tu amigo si conoce algún sitio barato en donde se puedan alojar extranjeros.

Glenn se lanzó a hablar turkmeno y después de varios minutos de conversación se volvió hacia mí.

—Dice que cuatro de ellos van a pasar la noche en una pensión. Dicen que podemos ir con ellos. Cuesta como un dólar por noche. La pensión tiene camas y un baño común. ¿Qué te parece?

—A mí me parece bien —dije agradecido, por lo barato del alojamiento. Pero estaba aún más agradecido de que los hombres confiaran en nosotros lo suficiente como para invitarnos a acompañarles. Su amabilidad me dio esperanzas de hacer algún buen contacto mientras estábamos allí.

Después de unos minutos, el autobús se detuvo finalmente enfrente de un hotel destartalado. Varios pasajeros se bajaron y nuestros nuevos amigos nos hicieron señal de bajarnos con ellos. Tuvimos que recorrer un poco más de medio kilómetro para llegar a la pensión.

Mientras uno de los turkmenos hablaba con el hombre que estaba detrás del mostrador, yo miré en derredor. La pensión era exactamente como los hombres la habían descrito. Se nos enseñó una sola habitación llena de camas. Sólo me hizo falta un par de minutos para acostarme. Me cepillé los dientes, me descalcé y escogí una cama situada junto a la pared. Enrollé unos pantalones vaqueros para improvisar una almohada y me acosté. Aunque había estado sentado en el autobús una buena parte del día, me sentía completamente exhausto. Pensando en todas las paradas que habíamos hecho a lo largo del trayecto, hice un rápido cálculo. No es de extrañar que me sintiera tan cansado. Habíamos tardado dieciséis agotadoras horas en recorrer 193 kilómetros. Eso arrojaba una media de doce kilómetros por hora. En pocos minutos me quedé dormido.

A la mañana siguiente me despertó un haz de pálida luz que se colaba por la ventana. Tardé un minuto o dos —me restregué los ojos para ahuyentar el sueño— en darme cuenta de dónde estaba. Miré el reloj de pulsera. Eran casi las siete. Los cuatro amigos turkmenos ya se habían levantado. Glenn roncaba plácidamente a mi lado y decidí no despertarle. Me levanté con sigilo y salí a desayunar y dar un paseo por Mashad.

Volví a la casa de huéspedes a las diez y hallé que Glenn estaba hablando desenfadadamente con diez turkmenos. Yo reconocí a los cuatro hombres del autobús y supuse que los otros eran contactos comerciales que habían ido a verles. Sonreí, me senté y me uní al grupo. Aunque no entendía nada de lo que decían, tuve la impresión de que hablaban de maneras y posibles entrevistas entre nosotros y algunos de sus paisanos en Irán que estuvieran interesados en comerciar con gente de Turkmenistán. Ni siquiera llevábamos allí un día y daba la impresión de que ya habíamos tenido éxito. Sonreí y di gracias a Dios en silencio, pidiéndole que bendijera nuestros esfuerzos.

Como a las once de la mañana, otro hombre entró en la habitación con una bolsa. La abrió, extendió un mantel en el suelo y procedió a sacar pan, mermelada y cubitos de queso blando.

—Nos han invitado a comer con ellos —dijo Glenn.

Yo asentí cortésmente y esperé hasta que ellos comenzaron. Mientras todos disfrutábamos del alimento, Glenn no paraba de hablar. Adiviné por su entusiasmo que la conversación debía ir bien. Yo estaba deseoso de saber lo que estaban diciendo, pero sabía que tenía que esperar hasta que los hombres se marcharan.

Por fin, como a las tres de la tarde, todos decidieron que era hora de marcharse. Nuestros amigos dieron a sus visitantes el abrazo tradicional y tres besos consecutivos en la mejilla. Después que ellos se hubieron marchado, los cuatro hombres del autobús también tuvieron que marcharse para tomar otro autobús.

Glenn y yo nos quedamos solos en la habitación.

—Bueno, ¿de qué hablaron? —pregunté con sumo interés. Glenn se levantó y se estiró.

—Fue muy interesante, ¿eh? Me dijeron que la mayoría de los turkmenos habitan en la parte noreste de Irán.

—¿Cerca de Gonbad-e-Kavus, donde vive Raheem? —cuestioné.

—Sí —respondió Glenn—; si queremos conocer a algunos turkmenos, ése parece ser el lugar donde hay que ir.

Apenas podía creerlo. La ubicación era perfecta. Raheem vivía justo en medio de la mayor concentración de turkmenos en Irán. Cuando lo visitáramos, tal vez podríamos también contactar con otros turkmenos de la zona.

Glenn y yo planeábamos pasar en Irán once días, de modo que decidimos ir a Teherán, seiscientos cincuenta kilómetros al oeste, antes de dirigirnos a Gonbad-e-Kavus. En Teherán podríamos registrar nuestra presencia en el país en la embajada sudafricana. Ambos pensamos que era una decisión prudente antes de encaminarnos hacia las oscuras aldeas y ciudades del noreste de Irán. Si algo nos sucedía, al menos alguien sabría que estábamos en el país.

Cuando acabamos de hacer planes ya eran las cuatro de la tarde, por lo que resolvimos partir hacia Teherán al día siguiente. Pasamos una noche más en la casa de huéspedes, compartiendo esta vez el dormitorio con un grupo distinto de comerciantes turkmenos que llegaron para pernoctar.

A la mañana siguiente temprano salimos en busca de un medio de transporte. Los amigos del autobús, nos habían aconsejado que el tren era el mejor medio para trasladarse a Teherán, por lo que nos dirigimos hacia la estación de ferrocarriles. La estación estaba abarrotada de gente esperando sus convoyes. Pregunté en farsi por la cola donde se vendían los billetes para Teherán. Desgraciadamente, la cola sumaba unas doscientas personas y se movía a paso de tortuga. Estimé que tardaría cuatro o cinco horas en llegar a la ventanilla. Como no estaba dispuesto a esperar tanto tiempo, me acerqué a la cabeza de la cola, donde había un soldado sentado ante una mesita. Le pregunté si había alguna forma alternativa para comprar un billete de tren.

—Siéntese allí —dijo el soldado, señalando un rincón entre él y la ventanilla.

Como no tenía nada que perder, me senté siguiendo sus instrucciones y esperé para ver qué ocurría.

Cuando el hombre frente la ventanilla acabó de comprar su pasaje, el soldado me hizo señas para que yo pasara. Al levantarme, eché un vistazo a la larga cola que esperaba detrás de mí y me sentí un poco culpable. Sonreí para pedir disculpas, tratando así de aliviar el sentimiento de frustración de la gente por haberme adelantado al resto de la cola, aunque no hubiera actuado deliberadamente. El hombre detrás de la ventanilla entendió bien mi acento farsi, pero no estaba seguro si quedaba algún billete para Teherán para ese mismo día. Tal vez se debió a la sombría mirada que puse al conocer la noticia, pero al final me mostró dos boletos de segunda clase para el tren de las cinco y media de la tarde.

—¿Cuánto tiempo dura el trayecto? —pregunté al tiempo que sacaba la cantidad exacta de riales de la billetera.

—Como unas catorce horas —respondió el vendedor.

A las cinco y cuarto de la tarde, Glenn y yo volvimos a la estación con los boletos en la mano y listos para iniciar el largo viaje hasta Teherán. Pocos minutos después, una locomotora con motor diesel se detuvo en el andén y fluyó un río de pasajeros que salieron de los vagones abarrotados. Una vez que la multitud se disolvió, Glenn y yo nos subimos al tren, junto con varios cientos de personas más.

Buscamos el compartimiento que correspondía al número del pasaje y abrimos la puerta. Era un habitáculo de seis asientos, ya ocupado por cuatro personas.

Hice un gesto de cortesía a los compañeros de viaje y les eché una rápida ojeada intentando aparentar que no les miraba indiscretamente. Dos mujeres iraníes iban sentadas a un lado vistiendo sendos *chadores* de la cabeza a los pies y cubriendo sus rostros con pesados velos. Los otros dos pasajeros eran varones.

Al colocar mi bolsa sobre el portaequipajes me di cuenta de que nuestra llegada parecía crear un problema para los otros pasajeros. Cuchichearon entre sí y levantaron las cejas. Luego, cuando Glenn y yo nos sentamos, los cuatro se levantaron y abandonaron el compartimiento. Varios minutos después, los dos hombres regresaron y ocuparon sus asientos. Nunca volvimos a ver a las dos mujeres.

Justo antes que el tren comenzara a traquetear, otros dos hombres entraron en el compartimiento, que quedó así completo. Sólo había sitio para ir sentados codo con codo, tres a cada lado, sin espacio para estirarse. Dudé que esa noche pudiéramos pegar los ojos.

El tren salió de la estación con muy pocos minutos de retraso. Poco después dejamos atrás Mashad y retumbamos por la campiña iraní camino a Teherán.

Una vez que el *traqueteo* del tren se hizo un ritmo monótono, pensé que era mucho más agradable viajar en tren. A diferencia del autobús, el tren no tenía que parar cada pocos kilómetros para pasar controles. Pero apenas me pasó esta idea por la cabeza, el tren se detuvo en una estación y un oficial de policía con un rifle automático se asomó a nuestro compartimiento.

—Es la hora de la oración —anunció con ceño amenazador.

A los musulmanes se les exige rezar cinco veces al día en horas preestablecidas, aunque estén viajando en un tren. Nuestros cuatro compañeros se levantaron inmediatamente y salieron a un pasillo abarrotado. Como Glenn y yo no nos movimos, el policía hizo caso omiso de nosotros y cerró la puerta.

Los dos observamos a través de la ventanilla a los pasajeros que salían del tren y se dirigían a dos vestíbulos separados, a un lado de la estación, uno para hombres y otro para mujeres. Aunque no pudimos ver el interior, yo había presenciado suficientes pausas de oración en mis viajes como para saber lo que hacían. Todo el mundo se arrodillaba sobre delgadas esterillas mientras un mullah recitaba oraciones en árabe. No pareció importar que pocos iraníes conocieran el árabe.

—¿Qué sucede si un nativo dice que no quiere ir? —preguntó Glenn.

—¿Ves el guardia con el cuaderno? —le respondí. Glenn movió la cabeza—. Él escribe los nombres de todo aquel que no ora. Acaban teniendo problemas con las autoridades.

Después de veinte minutos, el tiempo de oración concluyó y la gente regresó al tren. Luego que todos los pasajeros hubieron subido a bordo, el tren reanudó su marcha. Todos los que ocupábamos el compartimiento permanecimos en silencio por una hora más o menos. Por fin, un hombre anunció: «Es hora de dormir».

Yo observé detenidamente cómo se llevaba a cabo esta proeza. Primero, los cuatro iraníes se pusieron de pie y se colocaron en el pequeño nicho al lado de la puerta. Glenn y yo les imitamos. Entonces el hombre de más edad desdobló los asientos hasta unirlos por el centro. El compartimiento había sido transformado en una cama común.

No obstante, adiviné un gran problema con aquella disposición. Era imposible que seis hombres adultos cupiesen en aquel lecho. Pero obviamente, había que intentarlo. El hombre que sacara los asientos sonrió, se arrastró hasta el extremo de la cama y se acosto. Sin que hubiera que decirle nada, el segundo hombre hizo lo mismo y se acostó a su lado. Le siguieron los otros dos hombres, hasta que solo Glenn y yo quedamos en el nicho.

Glenn me miró y vio el pequeño espacio que quedaba al borde de la cama. Sólo había sitio para que él se tumbara de costado. Él hizo lo que pudo, pero no había sitio para mí. Yo contemplé la escena, dudando qué podía hacer. Justo encima de mi cabeza había un portaequipajes metálico. Bajé la bolsa que había encima y la dejé en el rincón. Luego subí y me las arreglé para reptar sobre el portaequipajes. Tan pronto como lo logré, supe que había cometido un grave error. Sólo había un espacio como de diez centímetros entre el techo y yo. No me era posible cambiar de posición y, ciertamente, no podía darme la vuelta si me dormía.

Permanecí de espaldas por una hora —el cinturón se me clavaba en el lomo—. El pie izquierdo me escocía. Cada vez que el tren trazaba una curva a la izquierda, me agarraba para no rodar y precipitarme sobre los otros. Cuando por fin maniobré para ver a Glenn, él no pareció sentirse más cómodo que yo.

—¿Qué tal vamos? —le susurré.

—Podrido, ¿eh? —dijo Glenn—. Y tú, ¿vas cómodo ahí arriba?

—No —le dije—. ¿Quieres cambiar de sitio por un rato? Tú eres más bajo que yo y puede que estés aquí más cómodo.

Glenn aceptó; yo repté hasta el extremo del portaequipajes y descendí.

—Casi todos los ataúdes tienen más espacio —comentó Glenn mordazmente mientras buscaba su posición. Yo intentaba hallar el modo de aferrarme al borde de la cama.

Ambos tratamos de aquietarnos, pero a menudo Glenn comentaba cuán incómodo se sentía. Yo sabía que ninguno de los dos podría pegar ojo hasta la siguiente oración.

En efecto, a las cuatro y media de la madrugada el tren se estremeció, hizo un alto, y otra vez un policía se asomó a la puerta de nuestro compartimiento. En silencio, nuestros compañeros de viaje se levantaron de la cama y salieron para unirse a la corriente de pasajeros somnolientos que se abrían camino para orar en el vestíbulo contiguo a la estación.

—Esto es mejor —dije, sonriente, a Glenn mientras me estiraba sobre la cama—. Baja de ahí. La cosa cambia. Al menos, dormiremos la siesta.

Durante media hora, Glenn y yo nos permitimos el lujo de estirarnos en la improvisada cama. No obstante, el regreso de nuestros compañeros de la oración obligatoria significó que la noche tocaba a su fin. La cama volvió a transformarse en asientos duros, con respaldo vertical, y una vez más nos sentamos codo con codo, unos frente a otros.

A estas horas de la madrugada todo el tren estaba despierto. Oí las risas de una pareja en el compartimiento de al lado y a un bebé que berreaba un poco más allá.

A las ocho en punto de la mañana, el tren hizo su entrada en la estación central de Teherán. Glenn y yo ya habíamos decidido ocuparnos prioritariamente de registrar nuestra presencia en Irán. Podríamos habernos dirigido hacia la embajada suiza, pero Glenn quería a toda costa visitar la embajada sudafricana. A mí no me importó a qué embajada íbamos primero, en tanto en cuanto alguien que ejerciera un cargo oficial supiera que estábamos allí, como prevención, en caso de que surgieran dificultades. Después que los cuatro hombres se marcharon, bajamos nuestras bolsas del portaequipajes, salimos al pasillo y fuimos arrastrados por el gentío escaleras abajo, sobre el andén. Aquello se asemejaba a cualquier estación muy transitada, salvo que todas las mujeres iban ataviadas exactamente igual, con vestidos negros de los pies a la cabeza; la mayoría de los hombres también vestían de negro. Glenn y yo nos abrimos paso entre la multitud hasta llegar a la acera, en donde llamamos a un taxi. Estábamos deseosos de informar de nuestra presencia y de proseguir con nuestro viaje.

CINCO

Eslabones de una cadena

La embajada sudafricana ocupaba un edificio blanco, de estilo gótico, con dos columnas estriadas en la fachada. Glenn y yo subimos los peldaños que rodeaban el edificio y entramos por una puerta lateral. Dentro de un vestíbulo había una mujer sentada detrás de un tabique de cristal. Mi compañero le comunicó que deseábamos dar cuenta de nuestra presencia en Irán. Ella sonrió y le remitió a otro mostrador.

El suelo de mármol pulido chirrió bajo mis pisadas. Varios sofás de piel marrón adornaban el centro del vestíbulo. Glenn se detuvo al lado de la mesa de centro, junto a uno de los sofás, y repasó la pila de revistas y periódicos sudafricanos bien ordenados que allí había.

Glenn manifestó al funcionario sentado detrás del mostrador lo que queríamos y el hombre nos extendió un diario grande y negro.

—Escriban sus nombres y los detalles del viaje aquí —dijo en un acento inglés aún más cerrado que el de mi amigo.

Yo anoté mi nombre y dirección en el libro, después de Glenn, aunque dudé que sirviera de algo en caso de dificultad, ya que era ciudadano suizo. De todos modos, la inscripción de nuestros nombres pareció tranquilizar a mi compañero. Yo mismo sentí cierto confort y seguridad sabiendo que al menos una embajada extranjera sabía que estaba en el país.

Cuando hube acabado de escribir toda la información pertinente, el oficinista leyó nuestros datos.

—En este momento no hay restricciones de viaje para los extranjeros —nos dijo—. Pueden viajar adonde les plazca. Pero, por si acaso surge algún problema, permítanme ver sus documentos.

Ambos le mostramos nuestros pasaportes y visados y el oficinista los examinó.

—Todo parece en orden —dijo, y nos los devolvió.

Una decoración de corte occidental llenaba el amplio vestíbulo de la embajada invitando a los visitantes a disfrutar de un ambiente agradable. Glenn y yo optamos por descansar un rato en uno de los sofás de piel y hojear un poco los periódicos. A los cinco minutos, un hombre se sentó junto a nosotros. Resultaba evidente que era iraní, con deseos de entablar conversación.

—¿Son ustedes sudafricanos? —nos preguntó.

—Yo lo soy —respondió Glenn.

—Muy bien —dijo él—. Yo estoy muy interesado en visitar su país.

Yo les escuche atentamente hablar acerca de Sudáfrica. El joven nos confesó en seguida que se llamaba Mohammed y que era ingeniero hidroeléctrico. Glenn había estudiado y trabajado en el mismo campo antes de trasladarse a Turkmenistán. Sus ojos se iluminaron de interés. En seguida, los dos hombres se enfrascaron en una densa conversación. Me pregunté si ésta no sería una cita especial que Dios nos había preparado. Mi impresión fue confirmada cuando Glenn le dijo a Mohammed que estábamos interesados en viajar a distintos lugares de Irán.

—Bueno, tienen que ir a visitarme —exclamó—. Estaré hoy aquí para tramitar mi visado y después regresaré a Isfahan.

Y volviéndose hacia mí, añadió:

—De verdad, tienen que ir a visitarme.

Glenn y yo nos miramos el uno al otro y asentimos gentilmente.

—Gracias —le dije a Mohammed—, nos gustaría mucho.

Mohammed nos entregó una tarjeta de presentación y luego nos habló un poco de Isfahan, ciudad de unos dos millones de habitantes, situada 290 kilómetros al sur de Teherán.

Después de charlar por unos minutos, llamaron a Mohammed para una entrevista en un despacho de la embajada. Glenn y yo convenimos en proseguir nuestro camino. Le estrechamos la mano, le agradecimos su amable invitación y le prometimos que nos volveríamos a ver al día siguiente.

—¿Qué te parece? —dijo Glenn cuando salimos al brillante sol de invierno de Teherán.

—Es asombroso. ¿Cuántos ingenieros hidroeléctricos puede uno encontrarse en una ciudad tan grande como Teherán? Me parece que es una invitación sincera para visitar Isfahan —dije yo—. Parece que nuestras oraciones han sido contestadas.

—¿Cuándo crees que debemos de ir? —preguntó Glenn.

Recorrimos concurridas calles y decidimos pasar el resto del día en Teherán y salir para Isfahan al día siguiente temprano. Nuestro plan consistía en pasar con Mohammed algunos días y después viajar hacia el norte para visitar a Raheem en Gonbad-e-Kavus, en donde vivían la mayor parte de los turkmenos.

A la mañana siguiente llegamos a la estación de autobuses después del amanecer. Hacía un frío y claro día de invierno. Los picos nevados de los montes Elburz reinaban majestuosos sobre la capital cuando dejamos atrás Teherán para adentrarnos en el campo. El viaje fue mucho más tranquilo que el que hicimos en autobús hasta Mashad. Ahora viajábamos por el interior del país. Atrás había quedado el negocio a prueba de nervios de cruzar la frontera con tantas búsquedas y tantos guardias suspicaces.

Mientras el autobús se dirigía hacia el sur, no pude evitar pensar en lo barato que resultaba viajar por el país. En cuanto al precio, el viaje era una ganga: nos había costado un dólar americano a cada uno; pero no tanto si se tenía en cuenta el tiempo que se tardaba en recorrer 290 kilómetros. El viaje duró ocho horas, con lo que llegamos a Isfahan como a las cuatro de la tarde.

La ciudad de Isfahan era más bonita de lo que Mohammed nos había advertido. El río Zayandeh pasa por el centro de la ciudad. Nos detuvimos a admirar el viejo puente sobre el río.

Desde la estación de autobuses salimos a la calle para buscar un hotel barato. Sólo tuvimos que caminar un kilómetro y medio hasta encontrar uno que se ajustara a nuestro presupuesto de cinco dólares por persona y noche.

Una vez en el hotel, llamamos a Mohammed para ver si ya había vuelto de Teherán.

El teléfono sonó dos veces antes de ser descolgado.

—Hola Mohammed —dijo Glenn.

Yo escuché detenidamente un extremo de la conversación. Daba la impresión que Mohammed aún quería ser nuestro anfitrión.

Glenn estaba sonriente cuando colgó el teléfono.

—Insiste en que no pasemos la noche aquí —dijo él, invitándome a intervenir en la conversación—. Insiste en que seamos sus huéspedes todo el tiempo que nos quedemos en Isfahan. Llegará en diez minutos a recogernos y saldremos a cenar.

—Estupendo —repliqué—. Es realmente muy amable de su parte.

—Lo es. Me pregunto qué tendrá Dios entre manos, ¿eh? —Glenn movió la cabeza—. Bueno, tenemos que recoger nuestras bolsas y encontrarnos con él delante del hotel. Vendrá a recogernos en un Fiat de color azul claro.

En efecto, diez minutos después, un Fiat de ese color se detuvo a la puerta del hotel y Mohammed se bajó del coche para recibirnos efusivamente.

—¿Qué les parece si vamos a comer una hamburguesa? —preguntó mientras colocábamos nuestras bolsas en el maletero.

—A mí me parece fenomenal —respondí yo, siempre dispuesto a saciarme de comida basura.

Mohammed nos llevó a un restaurante que no estaba lejos del hotel. Nos sentamos a la barra y encargamos hamburguesas y batidos de leche. Yo me sorprendí de lo abarrotado que estaba el local.

Grupos de estudiantes universitarios permanecían sentados o de pie comiendo hamburguesas con patatas fritas, al estilo de lo que estaba acostumbrado a ver en cualquier ciudad americana.

Después de hablar un rato acerca de temas intrascendentes, nuestra conversación con Mohammed se tornó más seria. Él quería saber por qué habíamos viajado a Irán, por qué seguíamos a Jesús, y en qué difería el cristianismo de la religión musulmana en la que él se había criado.

Conversamos y compartimos nuestra fe mientras él nos escuchaba atentamente, aprobando y haciéndonos preguntas cada pocos minutos. Cuando Glenn hablaba, yo oraba en silencio por Mohammed y le pedía a Dios que le abriera la mente y le diera entendimiento de las Buenas Nuevas. Yo sabía que Glenn hacía lo mismo cada vez que hablaba yo.

Después de la comida, nos metimos en el pequeño Fiat y enfilamos hacia el sur. Un cuarto de hora después nos detuvimos delante de un gran complejo de apartamentos. Mohammed miró nerviosamente en derredor al salir del coche. Siguiendo su ejemplo, yo también miré, sin saber qué estábamos buscando.

—Policía secreta —susurró Mohammed—. Creo que es algo ilegal alojar a un extranjero en casa sin contar con la debida autorización.

Se me hizo repentinamente un nudo en el estómago y seguí fisgando sombras en las esquinas de los edificios, pero nos dimos prisa para franquear la puerta más cercana y subir las escaleras hasta el cuarto piso.

—Les llevo a la casa de mi amigo Nassir —dijo Mohammed guiándonos por un largo pasillo, débilmente iluminado.

—Él es estudiante de cuarto año de ciencias políticas y vive solo por el momento. Pensé que lo mejor sería que todos nos alojáramos en su casa.

Cuando llegamos a la puerta del apartamento, Mohammed la golpeó suavemente. La puerta se abrió casi de inmediato y apareció un joven rechoncho y sonriente. Extendió su mano y dijo:

—Bienvenidos. Soy Nassir. Pasen, por favor.

Pasamos a una sala grande y en seguida noté que no había ningún mueble de estilo occidental, tan sólo un montón de alfombras, almohadas y unas cuantas mantas dobladas. Dejamos nuestras bolsas en un rincón y nos sentamos en el suelo con las piernas cruzadas en tanto Mohammed nos daba instrucciones. Poco después tomamos el té con los nuevos amigos y entablamos una animada conversación sobre diversos temas de interés.

Dieron las tres de la madrugada cuando acabamos de hablar acerca de los cambios que habían acaecido en Irán y cuán distinta era la vida en Occidente. Ni Mohammed ni Nassir tenían idea de lo que era vivir en un país occidental.

Glenn y yo nos fuimos a la cama muy contentos aquella noche. Teníamos muchas cosas por las que estar agradecidos. Parecía que en cada encrucijada de nuestro viaje, Dios nos bendecía y guiaba a las personas idóneas. A la mañana siguiente desayunamos en un restaurante cercano y después pasamos varias horas paseando por Isfahan, disfrutando de sus vistas hermosas y su viejo bazar de alfombras.

Regresamos al apartamento alrededor de las tres de la tarde. Nassir había vuelto de sus clases en la universidad y estaba deseoso de volver a hablar con nosotros de asuntos espirituales. A eso de las siete llegó Mohammed y se incorporó de buena gana a la discusión. Conversamos una hora más y convenimos en salir a cenar.

En esta ocasión comimos comida iraní en un restaurante local y a continuación Mohammed nos llevó a dar una vuelta por la ciudad. Isfahan era una ciudad sorprendente por la noche. Mucha gente paseaba por las calles, o charlaban y consumían algo en las pequeñas cafeterías que salpicaban las calles de la ciudad. Paramos a comprar un helado y cruzamos uno de los puentes sobre el río Zayandeh. A lo largo del paseo, Mohammed nos ilustraba con los detalles más interesantes de la historia de la ciudad. Nos dijo que Isfahan había sido en el pasado capital de Irán, y que era famosa por sus azulejos manufacturados al estilo tradicional, sus alfombras y sus tejidos de algodón.

Glenn y yo decidimos volver a Teherán al día siguiente antes de pasar a Gonbad-e-Kavus, de modo que le contamos a Mohammed nuestros planes.

—¿Cómo van a viajar hasta allí? —preguntó él. Yo me encogí de hombros.

—Supongo que en autobús, igual que vinimos.

—Deberían tomar un vuelo como hice yo —replicó—. Es una de las formas más baratas de viajar por Irán.

—¿De verdad? —le pregunté sin realmente creerle— ¿Cuánto puede costar un vuelo hasta Teherán?

—Como unos diez dólares —replicó.

—¡Diez dólares! —recalqué yo—. ¡Es increíble! No tenía ni idea de que fuera tan barato.

—Es porque la línea aérea está fuertemente subvencionada por el gobierno. Les puedo acercar hasta la agencia de viajes si quieren. Está abierta hasta muy tarde —dijo Mohammed.

Media hora después Glenn y yo teníamos pasajes de avión para Teherán. El vuelo salía a las doce menos cuarto de la noche del 31 de diciembre. Volaríamos en Nochevieja para recibir a bordo el nuevo año de 1997. Tal como Mohammed había anticipado, los boletos nos costaron diez dólares por persona.

A la mañana siguiente, víspera de Año Nuevo, me desperté antes que Glenn y me senté fuera, al temprano sol matutino, para leer la Biblia y orar por la siguiente fase de nuestro viaje. Mientras oraba, experimenté algo extraño. Las palabras «Vas a tener que descender hasta el fondo antes de salir de aquí» me vinieron a la cabeza y me rondaron en ella. Abrí los ojos y medité en la frase. ¿Qué significaba? ¿Y en qué consistía el fondo? Quise desechar aquellas palabras por considerarlas producto de una imaginación descontrolada, pero no hubo manera de hacerlo, como tampoco librarme del pensamiento de que Dios podía querer decirme algo a través de ellas. No obstante, si éste era un mensaje para mí, no estaba seguro de lo que significaba. Intenté reflexionar en lo que «el fondo» podría significar, pero no tenía idea. No se me ocurrió pensar que Dios me estaba amablemente preparando para afrontar la peor experiencia de mi vida.

Por la noche, Mohammed y Nassir nos acompañaron al aeropuerto de Isfahan. Por el camino, los dos nos hicieron más preguntas acerca de Jesús y de lo que significaba para nosotros. Respondimos de buena gana a todas sus preguntas y les explicamos lo que él podía hacer por ellos. Cuando llegamos al aeropuerto, no fue fácil despedirnos. Nuestros dos amigos habían compartido con nosotros dos días y habíamos aprendido mucho acerca de sus vidas, su fe y su país.

El vuelo de regreso a Teherán estaba al completo. En los pocos días que llevaba en Irán, llegué a la conclusión de que toda tipo de transporte estaba saturado. Durante el vuelo, el eco de las palabras de mi tiempo de oración «Vas a tener que descender hasta el fondo antes de salir de aquí» repicó en mi memoria, pero no se lo comenté a Glenn. No había necesidad de que los dos nos sintiéramos confundidos por lo que esas palabras pudieran significar.

Después de aterrizar en Teherán, tomamos un taxi para dirigirnos a la misma casa de huéspedes en la que nos habíamos alojado antes. Dormimos unas cuantas horas hasta la mañana siguiente.

Cuando nos levantamos, decidimos proseguir el viaje hasta Gonbad-e-Kavus, aunque tuvimos una experiencia frustrante tratando de encontrar el lugar exacto de partida del autobús. El sistema de salida de autobuses parecía muy arbitrario. Afortunadamente, Glenn acertó a ver un minibús Mercedes, con el letrero Gonbad-e-Kavus colgando en el parabrisas, al que nos subimos de buena gana para cubrir la siguiente fase del viaje.

En comparación con la experiencia del primer trayecto en autobús, ésta fue deliciosa y relajada. Después de varias horas de conducción, entró en escena el mar Caspio, y empezamos a transitar por pequeños pueblos costeros. Me hizo sentir nostalgia de las comunidades playeras de California en donde me había criado.

Como a las seis en punto de la tarde, el minibús se presentó en Gonbad-e-Kavus. Descendimos del vehículo y dimos las gracias al conductor. Mostramos la dirección que buscábamos a varios viandantes y llegamos al consenso de que la calle en la que se encontraba la casa de Raheem se hallaba hacia el sur. Comenzamos a caminar y en cada manzana preguntábamos si seguíamos yendo en la dirección correcta. Finalmente, un ciclista nos mostró una casa grande con una verja de hierro.

—Allí —dijo el hombre—. Ahí es donde van ustedes.

Abrimos el portón de hierro y cruzamos el patio hasta la puerta principal. Yo respiré hondo antes de llamar. Esperamos un minuto o dos y apareció un joven de unos veinticinco años. Le dije quiénes éramos y él también se presentó. Se llamaba Ahmed y era el hijo mayor de Raheem. Ahmed nos invitó a pasar y sentarnos en la sala de estar mientras iba a buscar a su padre.

Glenn y yo nos sentamos sobre cojines mientras esperábamos a nuestro anfitrión. Exquisitas alfombras persas hechas a mano cubrían el suelo.

En un instante Raheem asomó por la puerta. Su rostro se iluminó al entrar en la sala y noté que se alegraba sinceramente de vernos. Le presenté a Glenn y en seguida entablamos una animada conversación.

Glenn hablaba con Raheem y su hijo en turkmeno, yo les hablaba en far-si y Glenn y yo hablábamos en inglés. Todo pareció funcionar sorprendentemente bien, ya que no tuvimos problemas para comunicarnos.

Llegó la hora de comer y Raheem nos señaló una habitación adyacente, en donde nos lavamos las manos en una palangana. Cuando nos secábamos las manos, alguien llamó a la puerta. Ahmed la abrió y se inclinó para recoger las bandejas de comida que acababan de dejar en el suelo. Las metió en la habitación y las colocó sobre un mantel extendido en el suelo. Yo sabía que las mujeres de la casa habían preparado y dejado fuera la comida para no tener contacto alguno con los varones ni con sus huéspedes. En los años que había pasado en países musulmanes, me había acostumbrado a esta estricta distinción cultural entre hombres y mujeres, dentro incluso de la privacidad familiar del hogar.

Las mujeres nos prepararon una de las comidas más sabrosas que yo había comido en mucho tiempo. Era un delicioso plato de pescado condimentado con especias y acompañado de arroz y tortas iraníes.

Durante la comida, Raheem nos preguntó cuáles eran nuestros planes. Yo le expliqué que pensábamos alojarnos en un hotel de la ciudad, pero él insistió inmediatamente en que nos alojáramos en su casa todo el tiempo que nos quedáramos allí.

En los días siguientes, Raheem nos ofreció lo mejor de la hospitalidad iraní. Visitamos la nueva panadería donde trabajaba su hijo. También nos enseñó la fábrica de pan donde él trabajaba. Ahmed nos llevó incluso a pasear en caballo para ver una demostración de la famosa escuela de equitación turkmena. Y, lo mejor de todo, nos llevaron al campo para ver un asentamiento tradicional turkmeno. El lugar que visitamos no era más que un grupo de grandes tiendas de fieltro, que los trashumantes turkmenos transportaban cuando conducían sus rebaños en busca de pastos en verano e invierno. Yo sabía que estos asentamientos tradicionales eran raros en el presente, ya que los soviéticos habían intentado acabar con el estilo de vida turkmeno y realojar a la gente en apartamentos de bajo costo.

Estando en Gonbad-e-Kavus fuimos también en busca del primo segundo de Mustafá para entregarle en persona la carta que éste nos había confiado en Turkmenistán.

Cuando llegamos finalmente a la dirección indicada en el sobre, fuimos inmediatamente invitados a entrar en la casa y tratados como amigos de toda la vida. La familia leyó la carta que les entregamos y examinaron las fotos que Mustafá y su familia habían metido en el sobre. A continuación, como suele ocurrir en las visitas, en muchos países, se sacaron álbumes de fotos y se nos dio un informe detallado de todo el clan.

La conversación estuvo aderezada con té y dulces. Al llegar la hora de la despedida sentimos que habíamos hecho nuevos amigos. A Glenn y a mí nos encantó la visita. Dios estaba ciertamente guiándonos; los planes trazados en la cancha de tenis se estaban cumpliendo. Habíamos venido a Irán esperando hacer de eslabón en la cadena que pronto uniría a los cristianos de Turkmenistán con sus parientes lejanos turkmenos en Irán.

Cuando llegamos ese día a casa de Raheem, él volvía de su trabajo. Entablamos con él una larga conversación. En cierta coyuntura, él me miró fijamente y me preguntó en farsi: «¿Les han puesto un sello de registro en el pasaporte después de llegar?

—No —respondí—. Los latidos de mi corazón se aceleraron por momentos. Todo lo que tenía que ver con fronteras o documentos oficiales me ponía un poco nervioso.

—Entonces no se preocupen. Todo irá bien —dijo Raheem.

De acuerdo —repliqué—, pero, por favor, hágame saber si hay algo que Glenn y yo debamos hacer al respecto.

Raheem inclinó la cabeza.

Yo interpreté esa inclinación como una señal de que él averiguaría si necesitábamos este sello en particular y que nos lo haría saber si así era. Sin embargo, no volvió a mencionar el asunto ni yo volví a pensar en él. Al fin y al cabo, me dije a mí mismo, nadie en la embajada de Sudáfrica mencionó que necesitábamos un sello de registro. Si hubiera sido tan importante, a con seguridad nos lo habrían advertido.

SEIS

Un desvío inesperado

Eran las ocho de la mañana del 6 de enero de 1997; el último día que Glenn y yo pasábamos en Irán. Raheem estaba sentado a mi izquierda y Ahmed, a mi derecha.

—Tengo noticias que decirles —dijo Raheem mientras desayunábamos—. Tengo que salir hoy de la ciudad, de modo que le he pedido a Ahmed que les acompañe hasta la frontera. Les pido disculpas por no poder acompañarles personalmente.

—Está bien. Todo irá bien —dije, tomando otra torta de la cesta que había delante de mí. Pero al decirlo, en lo más hondo, me sentí decepcionado de que Raheem no nos acompañara. Como clérigo, era un miembro bien respetado en la comunidad, y adondequiera que íbamos con él, todas las personas con las que contactábamos nos trataban como huéspedes de honor. Aunque Ahmed tenía el mismo nombre de familia, sólo tenía veinticinco años y no parecía infundir el mismo nivel de respeto que su padre.

A pesar de ello, ¿qué podía ir mal sin la presencia de Raheem? Los papeles estaban en regla; aún conservaba el certificado que indicaba la cantidad de dinero que había traído al país y estábamos en Irán dentro del periodo estipulado en los visados. Me dije a mí mismo que todo iría bien y que a la misma hora del día siguiente nos encontraríamos a salvo en Asjabad.

Después de desayunar enrollé la alfombra que había comprado en el mercado de la localidad y la metí en una bolsa adquirida para tal propósito. Recogí el resto de mis pertenencias en la bolsa de piel marrón. Glenn y yo no tardamos en estar listos para iniciar el viaje a Asjabad.

Dimos las gracias a Raheem por su excelente hospitalidad y salimos con Ahmed a tomar un autobús para Asjabad vía Inc-e Born, puesto fronterizo situado a unos ochenta kilómetros al norte de Gonbad-e-Kavus. El viaje hasta Inc-e Born duró unas dos horas; llegamos a ese lugar remoto un poco antes del mediodía.

Este puesto fronterizo era muy distinto al que habíamos conocido en la ruta a Mashad. Aquél estaba preparado para controlar autobuses llenos de pasajeros que entraban en el país. Pero este puesto no sólo era pequeño y remoto; daba, además, la impresión de que el tráfico principal que por aquí pasaba eran enormes camiones cisterna. Al otro lado de la frontera está la ciudad tukmena de Gudryolum.

El autobús se detuvo enfrente de la aduana, un pequeño edificio de piedra situado al lado de la frontera. Glenn y yo, acompañados de Ahmed, tomamos nuestras bolsas y entramos en él. Casi sufrí un desmayo cuando vi cuatro grandes grupos de gente aguardando para pasar la aduana. Nos miramos el uno al otro y nos arrimamos a una de ellas. Nos llevó media hora llegar al oficial

Cuando nos tocó el turno, pusimos nuestras bolsas sobre la mesa, delante del funcionario, y respondimos a las preguntas rutinarias: ¿cuánto tiempo han estado en el país? ¿Han comprado alguna cosa mientras han estado aquí? ¿Han tenido algún problema de naturaleza oficial?

El funcionario pareció satisfecho con nuestras respuestas y dirigió su atención a las bolsas. Abrió en primer lugar mi bolsa de piel, la puso boca abajo y vació todo su contenido sobre la mesa. Algo me insinuaba que se disponían a hacer una investigación exhaustiva. El oficial de aduana palpó la bolsa para ver si tenía algún compartimento secreto y acto seguido examinó meticulosamente cada objeto que estaba sobre la mesa. Lo primero que tomó fue una camisa. Chequeó los bolsillos y el cuello para detectar posibles bultos antes de apartarla al lado izquierdo de la mesa. Después tomó la cámara. Le miré detenidamente mientras la abría y sacaba el carrete y las pilas. Sin alterar el intenso gesto de concentración de su rostro, el funcionario colocó el carrete y las pilas a la derecha y la cámara a la izquierda, sobre la camisa.

Yo seguí observando en silencio mientras el funcionario dividía escrupulosamente todo lo que había en la bolsa en dos montones a ambos extremos de la mesa. Caí en la cuenta de que estos dos montones representaban las pertenencias que se me permitiría retener y las que me iban a ser confiscadas. Aunque disgustado ante la descarada actitud de aquel hombre, yo sabía que era inútil protestar o mostrar emoción en el rostro. Experiencias anteriores me habían enseñado que en esta parte del mundo los funcionarios de aduana disfrutaban plenamente del poder que ostentaban y no respondían bien cuando se les desafiaba.

Mientras el funcionario seguía separando mis pertenencias, eché una mirada a Glenn. Evidenciaba una cara pálida, llena de asombro ante lo que estaba sucediendo.

Cuando el funcionario hubo acabado con mis efectos personales, abrió la bolsa de Glenn y sacó todo su contenido sobre la mesa. Repitió el mismo proceso y dividió las posesiones de Glenn en dos montones.

Pero viendo al funcionario actuar, había algo que no me cuadraba. Yo sabía que su trabajo consistía en inspeccionar las bolsas, tarea que ejecutaba escrupulosamente, pero aquello me parecía más una charada que un acto deliberado. Me pregunté en qué podría acabar todo aquello. ¿Estaba el funcionario de aduanas meramente intentando juntar algunos «recuerdos» occidentales o pretendía algo más siniestro detrás de aquella escena?

—Pongan sus cosas en las bolsas y pasen por control de inmigración —indicó finalmente el funcionario.

Di un suspiro de alivio. El control de aduanas había concluido. Ahora sólo restaba pasar por inmigración; después volveríamos al autobús y cruzaríamos la frontera hacia Turkmenistán.

Glenn y yo metimos nuestras posesiones en las bolsas mientras el funcionario buscaba una caja de cartón en la que metió los artículos que nos había confiscado.

Me encontraba a solo cuatro metros del control de inmigración y ansiaba que me sellaran el pasaporte para seguir mi camino. Mientras esperaba que llegara el oficial de inmigración, intenté contener los nervios para no morderme las uñas. Me costó.

Finalmente, apareció el oficial de inmigración, pero no nos pidió los pasaportes para examinarlos. En vez de ello, nos indicó con un ademán que nos sentáramos y esperáramos.

Glenn y yo hicimos lo que se nos dijo, pero yo empecé a preocuparme. Pasó una hora y el oficial de inmigración aún no había reaparecido, aunque la pequeña oficina que había detrás del mostrador parecía bullir de actividad.

Un poco después el oficial se asomó e indicó a Ahmed que volviera a la oficina. Cuando él desapareció, Glenn me dijo:

—¿Qué se traerán entre manos?»

—¡Ojalá lo supiera! —respondí en voz baja—. Todo esto parece un poco raro. Pasaron diez minutos y Ahmed volvió a nosotros.

—Desean ver los pasaportes —dijo.

Yo me levanté y me dispuse a entrar en la oficina donde habíamos estado para intentar hablar con el oficial.

—No, no; no lo entienden —dijo Ahmed—. Quieren que yo se los lleve. No quieren verlos a ustedes.

Ahmed debió notar la preocupación que en mí se reflejaba porque añadió:

—Ahora mismo no. En algunos minutos les llamarán.

Glenn y yo le entregamos los pasaportes a regañadientes. A pesar de que Ahmed insistió en que todo iría bien, los dos nos sentíamos intranquilos.

—La familia de Raheem goza de bastante respeto en esta zona —dije yo rompiendo el silencio. Glenn corroboró sombrío:

—Esperemos que sí.

Ya era media tarde y la mayoría de nuestros compañeros de viaje habían pasado por aduana e inmigración, y vuelto al autobús. Yo sabía que el conductor del autobús no nos esperaría indefinidamente. En un intento por desviar mi preocupación de lo que podría suceder si el autobús se marchaba sin nosotros, me fijé en varios camiones cisterna que se detenían ante el puesto de control. Seguí con atención a un conductor desde que entró en el edificio para pasar a través de la aduana y la inmigración. Volvió a su camión en menos de cinco minutos. ¿Por qué tardábamos tanto en salir de Irán?

Media hora después de que Ahmed llevara nuestros pasaportes a la oficina reapareció.

—¿Dónde están los pasaportes? —le pregunté lo más tranquilo que pude al darme cuenta de que volvía con las manos vacías. Ahmed sonrió nerviosamente.

—Les llamarán para entregároslos en un minuto —dijo—. Hay un par de cosas que quieren comprobar —dijo nerviosamente.

—¿Qué cosas? —le pregunté.

—No estoy seguro —replicó Ahmed—. Pero han dicho que no tomará mucho tiempo.

Pero no fue así. Una hora después seguíamos esperando que se nos llamara. Por fin, el oficial de inmigración llamó a Ahmed una vez más a la oficina. En esta ocasión pude escuchar voces de acalorada discusión. Estaba demasiado lejos como para entender lo que decían, pero Ahmed discutía encendidamente.

Cuando volvió a salir, su rostro reflejaba una expresión de derrota. Lanzó sus manos al aire con un sentimiento de frustración.

—Todavía tenemos que esperar —dijo.

—¿Hay algún problema? —le pregunté.

—Sí —dijo con cierta resolución en su tono de voz.

—¿Qué problema hay? —inquirí.

—Bueno, hay que esperar —replicó Ahmed—. Esperemos que todo vaya bien. Tengo que volver a entrar para hablar otro poco.

Cuando Ahmed volvió a entrar, Glenn y yo oramos por la situación. Pero al orar, me costó trabajo no pensar en lo peor. Tal vez ellos sabían que yo era estadounidense y habían decidido detenerme por ese motivo. O quizá me pondrían un sello en el pasaporte que dijera *persona non grata* para que no pudiera volver a entrar en el país. No sabía a qué atenerme y la aprehensión de no saber nada me empezaba a provocar retortijones en el estómago. No pude contenerme más y empecé a morderme las uñas.

Las agujas del reloj avanzaban muy lentamente. Por fin, Ahmed salió de la oficina, aunque frustrado y con las manos vacías. Su mirada cabizbaja no me tranquilizó en absoluto. Agarró la manilla de una de mis bolsas.

—Vamos —dijo—, arrebatándola del suelo.

—¿Qué quieres decir? —le pregunté—. Mi corazón latía con fuerza.

—Recojan sus cosas. Tenemos que regresar a la ciudad —dijo Ahmed.

—Pero, ¿y qué pasa con nuestros pasaportes? —inquirí. Ahmed hizo una pausa.

—Se los han llevado —noté que el pánico se adueñaba de mi voz—. ¿Adónde?

—Lo siento. Lo único que sé es que los han confiscado —dijo.

—¿No hay nadie con quien podamos hablar? —pregunté a Ahmed, convencido de que había cedido demasiado pronto. Recordé que él, como nacional, probablemente no era consciente de que los extranjeros podían ser encarcelados en Irán por no llevar su pasaporte consigo en todo momento. Para mí era inconcebible que un oficial de inmigración, que obviamente conocía este extremo, nos despachara sin nuestros pasaportes.

Ahmed dejó la bolsa en el suelo y añadió:

—Veré lo que puedo hacer.

En esta ocasión sólo transcurrió un minuto hasta que nos rogó que le siguiéramos a la oficina de atrás.

—Necesitamos los pasaportes —dije en farsi—, mirando al oficial de inmigración fijamente a los ojos.

—Estoy seguro de que su amigo les ha dicho que eso no es posible. Hemos hallado varias irregularidades en ellos —dijo.

Abrí la boca para volver a hablar, pero levantó la mano para que me callara.

—He aquí la dirección donde pueden recoger sus pasaportes en algunos días —dijo— doblando el papel en el que había escrito la dirección cuatro veces y alargándomela.

—Es un asunto de poca monta. Y ahora les ruego que me disculpen —dijo señalando la puerta. El tono de su voz y la mirada que me lanzó dejaban claro que el asunto estaba zanjado.

Al salir de allí la cabeza me daba vueltas. Algo estaba yendo rematadamente mal, a juzgar por la forma en que se habían desarrollado los acontecimientos. *¿Por qué, Señor, justo cuando estamos en la frontera?* —pensé delante de la oficina, sin saber qué podíamos hacer.

—Vámonos de aquí —dijo Glenn—. ¿Por qué no vamos a comer algo en otro ambiente?

Yo accedí. Necesitábamos tiempo para pensar y considerar las opciones que teníamos, aunque parecían muy limitadas en ese momento.

Encontramos un pequeño kiosco con dos mesas y algunas sillas. Encargamos un poco de arroz con kebabs y nos sentamos. Mientras esperábamos los alimentos, el conductor del autobús se acercó y habló con Ahmed. Sonrió ligeramente a Glenn y a mí antes de dirigirse al autobús. Un instante después, envuelto en una cortina de humo de gasoil, el autobús partió hacia Asjabad sin nosotros.

Me desmoroné cuando vi el autobús cruzar la frontera. Desdoblé la hoja de papel que el oficial de inmigración me había dado. Apenas pude creerlo. La dirección escrita en el papel estaba en Teherán. ¡Teherán! Tardaríamos más de diez horas en llegar allí.

—No te lo vas a creer —le dije a Glenn—. Tenemos que volver a Teherán a recoger los pasaportes —la cara de mi amigo empalideció.

—¿Cómo podemos hacer eso? —preguntó él—. Se supone que no debemos salir de casa sin pasaportes. Podemos acabar teniendo un problema serio si vamos a Teherán sin ellos.

Por un segundo me asombré de la ironía de Glenn. ¡Era evidente que ya estábamos metidos en un gran lío!

—¿De qué discutían en la oficina? —le pregunté a Ahmed.

—Del sello de registro. Ninguno de los dos tiene sello de registro en el pasaporte.

Reflexioné por un momento.

—Tú padre nos preguntó si lo teníamos y cuando le dijimos que no, nos dijo que no pasaría nada. Pensé que quería decir que no tenía mucha importancia. ¿Y qué puede importar ahora? Estábamos saliendo del país.

—Ahmed no respondió nada. Tan sólo se encogió de hombros, avergonzado.

—No pueden ir en serio en esto de hacernos ir a Teherán a recoger los pasaportes —dije ventilando mi frustración reprimida—. Eso significa pedirnos que quebrantemos la ley. Para nosotros, el viajar sin pasaportes es completamente ilegal.

Voy a volver para decírselo —anuncié—. Mi sentido estadounidense de la justicia se sublevaba dentro de mí.

—No, no, mi amigo —dijo Ahmed sujetándome el brazo—. Volveré yo mismo a explicárselo. Quizá esta vez me escuchen.

Glenn y yo apenas hablamos mientras Ahmed estuvo dentro del edificio. Di por sentado que mi compañero de viaje sentía la misma turbación que yo.

Diez minutos después Ahmed volvió y se sentó con nosotros.

—No hay manera —dijo—. Lo siento mucho, pero tenemos que hacer lo que ellos dicen. Estuvo a punto de soltar algunas lágrimas, y, a pesar de lo precario de nuestra situación, sentí lástima de él. Su padre le había enviado a acompañarnos como huéspedes de honor de su familia para cruzar la frontera y él había fallado en el intento.

—Encontraremos una manera de salir de ésta —oí decir a Ahmed—. No te preocupes. Todo saldrá bien.

Ya caía la tarde. No podíamos hacer nada sino regresar a Gonbad-e-Kavus y volver a su casa.

Para el viaje de vuelta, Ahmed alquiló una camioneta de reparto. Echamos las bolsas en la parte de atrás y me ofrecí para viajar con la carga, ya que no había sitio para todos en la cabina. Yo deseaba estar a solas con mis pensamientos, que para entonces se habían teñido de tristeza y lobreguez. Tenía que pensar y orar. No sabía lo que nos esperaba, pero las cosas empezaban a adquirir un tinte siniestro.

La camioneta nos dejó a la puerta de la casa de Raheem. Él no estaba cuando llegamos, pero ciertamente se sorprendió cuando llegó aquella noche. Ahmed explicó a su padre la situación con todo detalle. Él nos hizo muchas preguntas, la mayor parte de las cuales no tenían respuesta lógica. «No lo entiendo», dijo Raheem varias veces, sacudiendo la cabeza. No había necesidad de que se quedaran con los pasaportes.

—¿Qué vamos a hacer ahora? —dije yo.

—Mañana iremos a la oficina municipal de inmigración. Sus pasaportes tendrán que pasar por allí de camino a Teherán. Ojalá que podamos interceptarlos antes de que salgan y corregir este error.

Mis nervios estaban tensos, a flor de piel. Pasé gran parte de la noche preocupado por lo que podía ocurrir por la mañana. Mientras tanto,

Glenn roncaba distendidamente a mi lado. Yo envidiaba la capacidad que tenía para desenchufarse de los problemas y dormir en paz.

A medida que la noche iba pasando, soñé con la libertad. Para mí la libertad consistía en tener un pasaporte y en ser capaz de ir donde quisiese. Como estadounidense, creía que tenía ese derecho. Era mi derecho. Pero recordé algo. Cuando entregué mi vida a Jesús, también le cedí el derecho a gobernar mi vida como a mí me diera la gana. Como dice el apóstol Pablo, ya no me pertenecía a mí mismo. Había sido comprado por un precio. Por supuesto, había oído estas palabras mil veces, pero ahora, varado en Irán, sin pasaporte y sin libertad, probé lo que significaba tomar el asiento trasero y permitir que Dios asumiera pleno control de mi vida.

No obstante, la duda se instaló sigilosamente con esa revelación. Yo había experimentado muchos aprietos en distintas fronteras, si bien, siempre me las había arreglado para salir airoso, pero, ¿por qué ésta frontera era tan diferente? Yo creía que Dios iba a sacarme de este apuro, pero en lo más profundo sentía que este asunto tardaría en resolverse.

A la hora del desayuno, hasta la cara de Raheem tenía un aspecto pálido, de honda preocupación. Mientras desayunábamos, me daba palmaditas en la mano y me decía que no me preocupara.

—Interceptaremos los pasaportes hoy —no cesaba de repetir.

Glenn y yo, acompañados de Raheem, llegamos a la oficina de inmigración a las diez en punto. La oficina estaba en un edificio pequeño, mal iluminado, en el corazón de Gonbad-e-Kavus. Al subir los peldaños que conducían a la puerta principal, Raheem bajó la voz y nos aconsejó que le dejáramos hablar a él.

—No digan nada a menos que se les pregunte directamente —nos aconsejó—. Será mejor para ustedes.

Glenn y yo accedimos de buen grado; estábamos dispuestos a hacer todo lo que Raheem creyera conveniente para resolver el asunto. Lo único que queríamos era que nos devolvieran los pasaportes, subirnos a un autobús y refugiarnos en la seguridad de Turkmenistán.

Tan pronto como entramos, se nos condujo a un despacho privado donde fuimos recibidos por un oficial de alto rango.

Raheem informó al oficial que nuestros pasaportes habían sido confiscados en la frontera sin ningún motivo claro y le explicó que los necesitábamos inmediatamente para poder regresar a Turkmenistán. También le explicó con todo detalle que no podíamos ir a Teherán a recogerlos porque, como el oficial bien sabía, era ilegal para un extranjero viajar a cualquier lugar sin llevar su pasaporte consigo.

Yo contemplé absorto al oficial durante el transcurso de la conversación. Él asentía gestualmente en los momentos oportunos, pero parecía ligeramente aburrido ante este asunto.

Finalmente, Raheem pidió sin tapujos al oficial de inmigración que nos devolviera los pasaportes. El oficial reaccionó de inmediato y sacó los pasaportes de un sobre grande que había encima de su escritorio.

—Desgraciadamente, no puedo devolvérselos —dijo—. Como puede comprobar no tienen los sellos de registro exigidos.

—¿Qué puede importar ahora ya, amigo mío? —manifestó Raheem—. Con seguridad usted puede sellarlos y permitir que mis huéspedes salgan de Irán.

El oficial negó con la cabeza.

—Hay ciertas normas —dijo en una voz resignada—. Y las normas deben ser respetadas.

Sus palabras me produjeron una sensación desagradable. En efecto, los iraníes que yo había conocido tenían un saludable respeto por las normas, pero su declaración soltó un tufo extraño que me alarmó. Me daba la impresión de que los oficiales podían cambiar las normas, y que las cambiaban siempre que les convenía. Ya nos habían asustado bastante. ¿Por qué no nos dejaban marchar y no nos decían que no volviéramos nunca? ¿Por qué era tan importante el sello de registro en los pasaportes?

Raheem y el oficial de inmigración siguieron hablando, pero resultaba obvio que aquella conversación giraba en torno a un círculo vicioso. Pronto se hizo evidente que incluso la respetabilidad de nuestro anfitrión en su comunidad no iba a sacarnos de este atolladero.

—Esperen algunos días hasta que sus pasaportes hayan sido tramitados en Teherán, y después tomen un autobús y vayan a recogerlos —nos dijo finalmente el oficial puesto en pie, y acompañándonos hasta la puerta de su despacho.

—El oficial me ha asegurado que todo este asunto tardará como mucho media hora en aclararse en Teherán, y que luego quedarán libres para cruzar la frontera y volver a casa. Hasta entonces, por supuesto, serán mis huéspedes —dijo Raheem una vez que salimos de la oficina.

Ante el inesperado giro de acontecimientos, no podíamos hacer otra cosa que aceptar la hospitalidad de Raheem y pasar algunos días más en su casa, antes de viajar a Teherán.

SIETE

«Sabemos mucho más acerca de usted de lo que se imagina»

Raheem fue un anfitrión perfecto durante los cuatro días adicionales que nos alojamos en su hogar. Disfrutamos muchas comidas con él, con los miembros varones de su familia y con los muchos amigos e invitados que acudían a su casa. Muchos de sus amigos se apresuraban a asegurarnos que no había nada siniestro en el hecho de que nos hubieran sido retirados los pasaportes. «Es sólo la manera en que actúa el gobierno —decían—. Cada gobierno hace las cosas a su manera». Y a veces nos preguntaban: «En los últimos años las autoridades han mirado con suspicacia a los extranjeros, pero ustedes no tienen nada que ocultar, ¿no es así?

—Nosotros siempre respondíamos lo mismo: «No, no tenemos nada que ocultar a las autoridades».

—Bueno, entonces todo irá bien —nos respondían.

Ojalá yo me hubiera mostrado tan confiado como ellos, pero la verdad es que en lo íntimo me preocupaba nuestra situación y me asustaba bastante. Yo había viajado por Asia Central lo suficiente como para saber que un pasaporte confiscado de este modo no era un buen presagio de lo que podía acontecernos cuando llegáramos a Teherán.

La primera noche la pasé dando vueltas en la cama, cuestionándome lo que podíamos haber hecho de otro modo para evitar la situación en que nos encontrábamos. La segunda noche, comencé a abrigar la posibilidad de huir. Recordé la aldea turkmena que habíamos visitado unos días antes. Ahmed nos había dicho que Turkmenistán se encontraba a unos veinte minutos de camino a través de las colinas. Mi pasaporte estadounidense me esperaba en Turkmenistán. Glenn podría notificar que le había sido robado el suyo. Sería muy fácil huir a través de la frontera, correríamos muy pocos riesgos. Siempre y cuando no intentará volver a entrar en Irán, no anticipaba repercusiones graves.

Pero en lo más recóndito de mi corazón dudaba de llevar a cabo ese plan. «Acepta lo que Dios tiene aquí para ti —me instó una voz interior—. Tú ignoras lo que puede suceder y por qué, pero Dios no. Confía en Él».

Bregué desesperadamente con el asunto durante varias horas. ¿Qué importaba más, mi libertad o seguir la senda de Dios? Entonces hice la siguiente reflexión: «¿Cómo puedes ir a los Estados Unidos y decir a la gente que Dios está en control de todas sus circunstancias personales si tú no le permites tomar el timón de tu vida ahora mismo?» Este pensamiento me perforó el corazón con convicción. Si no estaba dispuesto a confiar en Dios aquí, ¿cómo podía aconsejar a otros que hicieran lo propio?

Por la mañana temprano, tomé la decisión. En una oración silenciosa le dije al Señor que yo creía que Él es más poderoso que cualquier gobierno de la tierra, incluso el gobierno iraní. Que Él es soberano. Y aunque no pudiera ver claramente su soberanía en ese momento y mis emociones me dictaran otra cosa, Él me había llevado a Irán, por lo que saldría de este país a su manera y a su debido tiempo. No importa lo que sucediera, resolví en mi corazón no ser como Job. No criticaría la decisión de Dios. Pondría mi confianza, y esta situación complicada, en sus manos.

Salimos de Gonbad-e-Kavus en autobús el 10 de enero por la mañana. Raheem encargó una vez más a Ahmed que nos acompañara.

El autobús hizo muchas paradas y tardó unas dieciséis horas en llegar a Teherán. Por el camino tuvimos que pasar por dos controles de infarto. Para gran alivio mío, no se nos pidió que exhibiéramos los pasaportes. Ni siquiera me atrevía a pensar en las complicaciones que podrían surgir si algún enojado oficial descubría que viajábamos indocumentados.

Por fin, en torno a la medianoche, llegamos a la estación central de autobuses de Teherán. Hasta que no descendimos del autobús no nos dimos cuenta de que, debido al exceso de preocupación, no habíamos reservado un lugar donde alojarnos. Pero, a estas alturas, ¿qué opciones nos quedaban? Para alojarse en un hotel en Irán un extranjero tenía que mostrar su pasaporte en la recepción. De manera que le pregunté a Ahmed qué podíamos hacer.

Al principio se encogió de hombros. Evidentemente, él tampoco había pensado en ello. Pero al final, buscó en su bolsa y sacó un cuaderno.

—Llamaré a un amigo —dijo, dirigiéndose a una cabina pública.

Para entonces el grupo de pasajeros llegados en el autobús se había dispersado, y sólo quedábamos nosotros tres bajo el chorro de luz de una farola. Yo noté que llamaba mucho la atención y deseé que Ahmed se diera prisa. Por fin, colgó el teléfono.

—Todo va bien. Podemos quedarnos con mi amigo —dijo—, pero tenemos que encontrar un taxi hasta su casa —añadió echando una mirada a la calle desierta.

En ese momento, con el rabillo del ojo, vi una figura vestida de verde que se acercaba directamente hacia nosotros. El corazón me dio un vuelco. Era un soldado iraní.

—¿Qué hacen aquí estos extranjeros? —preguntó a Ahmed.

Éste respondió cortésmente que acabábamos de llegar en el autobús de Gonbad-e-Kavus y nos disponíamos a tomar un taxi para ir a casa de un amigo a pasar la noche.

El soldado gruñó y se volvió hacia nosotros dos.

—Muéstrenme los pasaportes.

—Mis amigos no tienen pasaporte —repuso Ahmed interponiéndose entre nosotros y el soldado—. Sus pasaportes fueron enviados de Gonbad-e-Kavus a una oficina de Teherán y tenemos que ir a recogerlos a primera hora de la mañana.

Yo observé nerviosamente que los ojos del soldado se le saltaban hasta explotar de ira.

—Es ilegal para estos extranjeros estar aquí sin pasaportes. Me aguijoneó con el dedo e hizo una señal con el cañón del rifle automático que llevaba.

—Por aquí. Tengo que hablar con mi supervisor.

Glenn y yo intercambiamos miradas de preocupación y desesperanza. La peor pesadilla se estaba convirtiendo en realidad.

—Déjenme que hable —susurró Ahmed mientras acompañábamos al soldado.

No lejos de la estación de autobuses, llegamos a una garita de madera que hacía las veces de puesto de guardia. En su interior, un militar sentado fumaba perezosamente. Dio un salto y tiró la colilla cuando nosotros entramos.

El soldado informó al supervisor que había encontrado a dos extranjeros viajando sin pasaportes. Una y otra vez nos gritaba y nos pinchaba con el rifle.

Después hubo gritos cruzados. Yo escuchaba la conversación, pero me desconcerté al pensar que nuestro destino se estaba decidiendo en una atmósfera tan inestable.

La discusión se dilató por un buen rato. El soldado que nos había aprehendido insistía en que debíamos ir a la cárcel, mientras que Ahmed aseguraba que estábamos obedeciendo exactamente las instrucciones de los funcionarios gubernamentales que nos habían confiscado los pasaportes en la frontera.

El disgusto del supervisor iba en aumento. Por último, después de casi una hora de discusión entre Ahmed y el soldado, el supervisor nos dijo: «Salgan de aquí y no vuelvan a acercarse a la estación de autobuses sin el pasaporte. ¡Váyanse!, ¡Váyanse!

Agarramos las bolsas y casi salimos corriendo. Tratando de alejarnos lo más rápido posible de la estación, trotamos por la calle hasta que vimos un coche. Los tres le hicimos señal de parada. Ahmed preguntó al conductor si podía llevarnos hasta la casa de su amigo. Éste aceptó y los tres nos metimos en el asiento trasero. Entonces reconocí que era presa de la náusea y de un temblor descontrolado.

Llegamos a la casa del amigo de Ahmed casi a las dos de la madrugada. Él nos invitó amablemente a entrar. Nos dio algunos cojines para dormir en la sala de estar, pero estábamos demasiado agitados como para conciliar el sueño.

Los dos hablamos quedamente toda la noche, a pequeños intervalos. Nos preguntamos qué podía pasarnos después, pero ninguno de los dos teníamos idea. Glenn sentía lo mismo que yo: inquietud ante la posibilidad de caer en una trampa, pero ninguno de los dos acertábamos a ver cómo evitarla. Y orando para salir del apuro, ambos sentimos claramente que debíamos visitar la embajada de Sudáfrica antes de ir a recoger los pasaportes a la dirección que nos había dado el oficial de inmigración en la frontera.

A la mañana siguiente, le sugerimos a Ahmed que deseábamos ir a la embajada y pareció tranquilizarse.

—¿Qué les parece si les acompaño en el taxi hasta la embajada y les dejo allí? —preguntó— Así podría tomar hoy mismo un autobús para regresar Gonbad-e-Kavus.

—Está bien —concedí—. Pediremos consejo al personal de la embajada antes de ir a retirar los pasaportes.

—El personal de la embajada les podrá ayudar mucho mejor que yo —intervino Ahmed, reflejando un patente alivio en su voz.

Yo noté que se sentía dividido entre ser un buen anfitrión y alejarse lo más posible de nuestra situación.

El episodio de la noche anterior con el soldado le había dejado realmente tocado. Hasta ese momento, ni siquiera se me había ocurrido pensar en las repercusiones que se podían derivar para él y su familia por habernos ayudado tanto.

Como a las diez de la mañana dimos las gracias al amigo de Ahmed por alojarnos en su casa y sacamos las bolsas hasta el taxi que éste ya había llamado. Veinte minutos después nos detuvimos delante de la embajada de Sudáfrica. Ahmed nos ayudó a bajar las bolsas y se despidió de nosotros para seguir su camino en el taxi.

Al acercarnos a la embajada extrañé la ausencia de actividad que había en nuestra primera visita. En seguida supimos por qué. El guardia de seguridad nos informó que el personal disfrutaba de un día libre y que la embajada estaba cerrada. Glenn y yo no sabíamos qué hacer. ¿Debíamos seguir adelante a recoger los pasaportes sin antes hablar con los funcionarios de la embajada?

Discutimos el asunto por unos minutos y decidimos no presentarnos ante los oficiales iraníes sin antes procurar el consejo de la embajada. Glenn explicó al guardia la situación en que nos encontrábamos y él nos permitió llamar a Michael, funcionario de la embajada.

Glenn habló con Michael en afrikáans. Cuando colgó el teléfono me dijo que Michael venía a recogernos. Aunque él vivía a dos minutos de la embajada, dijo que lo más discreto sería venir a recogernos en un vehículo oficial en vez de presentarse caminando.

Glenn acababa de anunciarme esta noticia cuando un Range Rover de color oscuro paró a nuestro lado. Metimos las bolsas y nos subimos. Michael se presentó, condujo calle adelante y dobló una esquina para entrar en su residencia. Yo respiré tranquilo cuando la puerta se cerró.

Pasamos un día tranquilo con Michael; le contamos todo lo que nos había sucedido en la frontera. A la mañana siguiente Glenn y yo volvimos a la embajada de Sudáfrica en un vehículo oficial. Michael nos había concertado una cita con John Morris, miembro veterano de la embajada. Nos introdujeron en un despacho espacioso. John Morris nos saludó y en seguida fuimos al grano. Se interesó por lo sucedido al intentar cruzar la frontera y le referimos todos los detalles.

—¿Se han contactado con la embajada suiza? —nos preguntó.

—No —repliqué—. Optamos por esta embajada. ¿Cree que debo de contactar con ella ahora?

—No, no. Seguramente no es necesario —dijo John Morris—. No debiera surgir ningún problema. Nos haremos cargo de ustedes. Es más, enviaremos a una empleada iraní de nuestro personal para cerciorarnos de que todo vaya bien. Ella podrá hacer de intérprete en caso de que les interroguen. Sé que usted habla un poco de farsi, pero ella se asegurará de que no se produzca ningún malentendido.

—Yo debía tener aspecto de asustado porque John Morris posó su mano sobre mi brazo.

—No habrá ningún problema, Dan. No hace falta preocuparse tanto.

Cuarenta y cinco minutos después aún intentaba librarme de mis preocupaciones, justo cuando Glenn, Nadia, la empleada iraní de la embajada sudafricana, y yo tomamos un taxi y nos dirigimos a la dirección escrita en el papel que me habían entregado en la frontera.

La dirección indicada resultó ser un edificio grande y moderno del centro de Teherán. Franqueamos la entrada y nos topamos con bastantes extranjeros arremolinados en el pasillo principal. Nos pusimos a la cola y yo empecé a hablar con dos hombres que iban delante de nosotros. Los dos eran ingleses y estaban dando una vuelta al país en bicicleta. El viaje se había prolongado más de lo previsto, por lo que necesitaban extender sus visados. Delante de ellos guardaba cola un norteafricano que había perdido un documento muy importante y necesitaba reemplazarlo para poder salir de Teherán.

Mientras hacíamos cola, la gente intercambiaba información unos con otros, buscaba alojamiento y lugares de interés en Teherán. Escuché conversaciones agradables y empecé a tranquilizarme. Aunque los últimos días habían sido inquietantes, me dije que tal vez había dado rienda suelta a mi imaginación. Al fin y al cabo el vestíbulo estaba lleno de extranjeros en varias fases del limbo legal, entonces, ¿por qué iba a pensar que Glenn y yo éramos casos especiales y objetos de acoso? Podía llevar una hora más o menos arreglar la documentación, pero a ninguno de aquellos con quienes hablamos se le había pedido que volviera una segunda vez. Al ver que mucha gente resolvía sus asuntos, empecé a sentirme bastante optimista.

Llevábamos esperando unos veinte minutos cuando un funcionario se acercó a comprobar los documentos de los que estábamos en la cola. Cuando llegó a nosotros, saqué el papel que nos habían dado en la frontera y se lo mostré.

—Están en el lugar equivocado —exclamó después de examinar el papel—. Deben ir a otro edificio situado en esta misma calle.

Nadia hizo al funcionario alguna que otra pregunta y a continuación nos despedimos de los amigos ingleses y nos marchamos de allí.

Los tres tomamos un taxi y nos encaminamos al edificio correcto. Nadia nos dio algunos consejos.

—Hay muchas posibilidades de que se entrevisten con ustedes, pero no pasa nada —dijo—. Limítense a responder honestamente e intenten no ponerse nerviosos. Puede que hablen con ustedes juntos o por separado. No se preocupen. Todo saldrá bien.

El nuevo edificio no ofrecía la atmósfera agradable que se respiraba en el primero. Cuando accedimos al vestíbulo, noté que éramos los únicos extranjeros. Nadia nos pidió que esperáramos sentados en un banco de madera mientras ella iba a hablar con un funcionario. Pude oírlo todo. Le dijo que habíamos venido a recoger los pasaportes que nos habían sido confiscados en la frontera.

—Un momento, por favor —contestó el funcionario—. Enviaré a alguien a buscar los expedientes.

Nadia le dio las gracias y se sentó con nosotros en el banco. Los tres esperamos en silencio. Después de unos diez minutos un funcionario nos pidió a Nadia y a mí que le siguiéramos. Nos llevó a una oficina pequeña separada con tabiques de madera y amueblada con un sofá de respaldo alto y sillones que hacían juego.

—Siéntense —dijo, y acto seguido salió de la oficina.

Un momento después se abrió una puerta corredera lateral y entraron dos hombres con cuadernos y bolígrafos. El mayor de ellos se presentó como el señor Akram, primero a Nadia y después a mí.

—Bueno, señor Baumann —comenzó diciendo mientras se sentaba en uno de los sillones enfrente de mí—, ¿me puede decir cuál es su nacionalidad?

—Soy suizo —respondí—, pero no nací en Suiza.

Esperé que me preguntara si era ciudadano estadounidense, pero no lo hizo. En vez de ello, me hizo preguntas acerca de lo que había hecho en Irán, si deseaba regresar al país y por qué vivía en Turkmenistán.

Después de casi una hora de interrogatorio, el señor Akram y su acompañante se levantaron.

—Eso es todo por ahora señor Baumann. Gracias por su tiempo —dijo, abriéndonos la puerta.

Nadia y yo volvimos al vestíbulo. Glenn esperaba impacientemente.

—¿Cómo fue? —preguntó. Yo me volví hacia Nadia

—Bien —respondió ella—. Creo que ha ido bien, ¿no le parece?

—Sí —contesté—. Me han hecho muchas preguntas sencillas.

Permanecimos sentados en el banco por unos quince minutos hasta que el señor Akram y su ayudante volvieron y pidieron a Glenn y a Nadia que les acompañaran a la misma oficina de antes. Yo me quedé solo en el vestíbulo. Pasé el tiempo vigilando la entrada para ver si entraba o salía algún extranjero. No vi a nadie y no pude menos que preguntarme qué tipo de actividad se desarrollaba en aquel edificio.

Otra hora transcurrió hasta que por fin salieron Glenn y Nadia acompañados del señor Akram y su ayudante.

—Por favor, esperen aquí. No les haremos esperar mucho —dijo el señor Akram antes de volver a la pequeña oficina.

—¿Cómo ha ido? —pregunté a Glenn después que ellos hubieron desaparecido.

—Bastante bien —respondió, y volviéndose a Nadia añadió—: Fueron amables, ¿eh? No creo que deseen pasar más tiempo con nosotros. ¿Qué le parece?

Nadia negó con la cabeza.

—Me ha parecido bastante rutinario —miró la hora—. Ojalá que salgamos de aquí antes de la una para que puedan tomar el autobús hacia Turkmenistán.

—Muy bien —repliqué—. Nada me encantaría más.

Al cabo de unos minutos, volvió el señor Akram y pidió a Nadia que le siguiera a la oficina. Glenn y yo esperábamos que ella apareciera en cualquier momento con los pasaportes en la mano. Salió por fin de la oficina con un aspecto pálido.

—Algo no va bien —dijo con voz entrecortada—. Dicen que están buscando algo. No sé de qué se trata, pero me han dicho que tienen que indagar más. Quieren entrevistarse otra vez con cada uno de ustedes, pero sin que yo esté presente.

—¿Qué significa esto? —pregunté con corazón acelerado— ¿Le han dado alguna pista de lo que están buscando?

Nadia sacudió la cabeza.

—Ninguna —dijo—. Pero aseguran que habrán terminado en torno a las tres de la tarde. Creo que lo mejor será que regrese a la embajada y les notifique lo que está pasando. Volveré a las tres a recogerles.

—Pero ¿qué les vamos a decir? —terció Glenn, más agitado que nunca— ¿Qué haremos si no nos dejan marchar?

Nadia forzó una sonrisa.

—Todo irá bien —dijo, aunque en un tono poco convincente—. Sólo quieren tener otra sesión con cada uno de ustedes. Antes lo han hecho bien. Díganles tan sólo la verdad y les dejarán marchar.

Nadia se levantó y salió del vestíbulo. Cuando la vi salir por las puertas de cristal reforzado, me desmoroné. Yo deseaba que esta prueba pasara lo antes posible, pero cada paso que dábamos por resolverla parecía que se iba complicando más.

Unos minutos después, se me llamó para una segunda entrevista. Pero en esta ocasión no me llevaron a la oficina de antes, sino que me escoltaron escaleras arriba hasta el segundo piso. Los dos hombres que me acompañaron me hicieron pasar a una habitación pequeña, cuadrada, de unos dos metros y medio de lado, con un escritorio y cuatro sillas viejas en medio. Una pequeña ventana sucia suministraba casi toda la luz que se colaba en la habitación, que no era mucha. Yo intenté pensar positivamente, ¡pero esta habitación oscura no era precisamente un marco ideal para que las autoridades iraníes recibieran a los visitantes del país! Prácticas más siniestras tenían lugar en habitaciones oscuras como ésta, al menos en las películas de espías que había visto.

Tan pronto como el señor Akram y su ayudante entraron en la habitación, oí el chasquido de una llave en la cerradura.

—Señor, ayúdame a no ponerme nervioso —oré de modo imperceptible.

El señor Akram me indicó que me sentara enfrente del escritorio, mientras que su ayudante y los otros dos hombres se sentaban detrás. De pronto, dio un salto y empezó a gritarme.

—¿Por qué está aquí, señor Baumann? ¡Esta vez nos va a decir la verdad! —me gritó a la cara.

—Estoy aquí para conocer Irán y para ver el país —tartamudeé, sobresaltado por su cambio repentino de comportamiento.

—Ya —gruñó el señor Akram, golpeando un cuaderno delante de mí—. Escriba todo lo que ha hecho mientras ha estado en Irán. Quiero que anote todas las personas con quienes ha hablado, todos los sitios que ha visitado, todas las casas en las que se ha alojado. Y no deje nada sin anotar.

Por un momento, sentí ganas de vomitar. De algún modo, el peor escenario posible se estaba plasmando delante de mis ojos, y tuve miedo. ¡Cómo iba a recordar todo lo que había hecho en Irán ante este hombre gritándome a la cara! Escribí por unos minutos, pero el señor Akram se cansó de observarme. Sin aviso, empezó a gritar de nuevo.

—¿Por qué vive en Asjabad?

—Trabajo para una organización que procura ayudar a la gente —respondí vagamente, tratando de deshacerme del temor que atenazaba mi voz.

—Sea más preciso, señor Baumann —dijo bruscamente el señor Akram—. Sabemos exactamente por qué vive en Asjabad. Es más, ¡sabemos mucho más acerca de usted de lo que se imagina! Se inclinó sobre el escritorio y embistió con el dedo contra mi pecho. ¿Por qué no empieza por decirnos la verdad mientras estemos en disposición de escucharle? Y puede empezar con lo que hacía en Afganistán.

Una luz testigo se me encendió en la cabeza y me di cuenta de que en realidad sabían mucho más de mí de lo que yo pensaba. Yo no les había mencionado que había vivido en Afganistán. Respiré hondo y dije:

—Fui a Afganistán como miembro de un equipo de ayuda internacional. Trabajé allí como administrador para un hospital en Kabul.

Cuando terminé de responderle, el señor Akram volvió a arrojar el cuaderno delante de mí y gritó:

—Ahora escriba todos los países que ha visitado.

Casi me desmayo. Esta lista parecería más sospechosa que cualquier cosa que hubiera dicho o hecho. Tomé el lápiz y comencé a escribir los países que había visitado en Europa: Gran Bretaña, Países Bajos, Suecia, Noruega, Suiza. Escribía despacio, esperando que se aburrieran antes de anotar los países más controvertidos, como Israel. Estaba seguro de que ése provocaría más preguntas y más gritos.

Anoté diez países, luego llegué a veinte. Anoté los países del Pacífico que había visitado. Cuando llegué a treinta, el señor Akram me interrumpió.

—Señor Baumann, ha viajado mucho para ser un asistente social, ¿no le parece? Quizá pueda decirnos de dónde le viene el dinero.

Miré la extensa lista del cuaderno, a medio terminar, y tuve que admitir que había viajado mucho en mi vida. Excepto los viajes que había hecho de pequeño a los países natales de mis padres, todos los demás se debían a algún tipo de misión. Yo sabía que la única explicación que tenía sentido era decir la verdad.

—Bueno —dije—, tal vez le sorprenda saber que el dinero con que financio mis viajes procede de distintas fuentes. Soy un obrero cristiano. Otros cristianos que creen en lo que hago me envían dinero de vez en cuando para que pueda viajar.

Una sonrisa de complacencia y satisfacción se esbozó en el rostro del señor Akram, como queriendo expresar: «*Ya te tengo*».

—De modo que ¿a qué iglesia pertenece, señor Baumann? Tenemos tiempo de sobra. Cuéntenos todo —requirió.

—Mi iglesia se llama Calvario y está en Los Ángeles, California —respondí.

Entonces el señor Akram me acribilló a preguntas:

—¿Cuántas personas asisten a ella? ¿Cómo se llama su pastor? ¿Con cuánta frecuencia le envía informes? ¿Cuántas personas conoce su pastor en Washington? ¿Cómo se llaman?

Por supuesto, yo no tenía ni idea de cuántas personas conocía mi pastor en Washington, o quiénes eran, por lo que mi incapacidad para responder a esta pregunta no hizo sino irritar aún más a mi interrogador.

—Señor Baumann —soltó finalmente, con cara roja e hinchada— como no nos quiere decir la verdad, nosotros se la diremos: usted nació en Estados Unidos. Sus padres viven en los Estados Unidos. Usted es estadounidense. Nos ha mentido diciéndonos que es ciudadano suizo.

Hice acopio de toda mi concentración y respondí lo más directamente que pude.

—Soy ciudadano suizo. Lo he sido desde que nací. Pero soy también estadounidense. No obstante, no entré aquí como estadounidense; entré con mi pasaporte suizo.

Ya eran las tres de la tarde y no sabía cuánto tiempo me iban a retener. Este interrogatorio no era una sencilla sesión de preguntas y respuestas como me había advertido Nadia. Yo percibía un tono de amenaza en el señor Akram. Parecía como si se tomara mis creencias cristianas como un insulto personal y estuviera dispuesto a aplastarlas. Y el admitir que era ciudadano estadounidense con seguridad inflamaría la situación.

—De modo, señor Baumann, que es estadounidense. ¿Dónde está su pasaporte?

—En Turkmenistán —respondí.

—¿Por qué no lo trajo consigo? —demandó el señor Akram.

—Porque también soy suizo. Por eso usé mi pasaporte suizo. Como usted sabe, un pasaporte estadounidense no siempre es bien recibido en esta parte del mundo. Puede causar problemas.

—¿Qué quiere decir con puede causar problemas? —me preguntó, bajando su rostro al mismo nivel del mío.

—Quise gritarle: «Como los que estoy teniendo ahora mismo». Pero me contuve y le dije:

—A veces no se conceden visados a los estadounidenses.

Con esta respuesta, el señor Akram se enderezó, se llevó la mano al bolsillo y sacó mi pasaporte suizo.

—¿Lo reconoce, señor Baumann? —dijo emitiendo un gruñido y arrojándolo sobre el escritorio. Luego, en una voz que hizo estremecer la habitación, añadió:

—Ya basta, señor Baumann. Deje de fingir. Empecemos de nuevo. Comience por deshacer todas las mentiras que nos ha estado contando en las últimas horas.

OCHO

«¿Qué intenta ocultar?»

Lo único que yo quería era acurrucarme como una pelota y descansar, pero el bombardeo de preguntas no cesó.

—Tenemos mucho tiempo —se burló el señor Akram—. Ahora díganos la verdad: ¿dónde adquirió este pasaporte?

En mi mente se agolparon pensamientos de terror. Hasta ese momento no se me había ocurrido pensar que no creyeran que yo disfrutaba de doble ciudadanía.

—Soy suizo —dije—, y es verdad.

La ira desbordaba en la cara de mi interrogador.

—Usted no es suizo. Sus padres viven en Estados Unidos. Nació en Estados Unidos. Es estadounidense —me silbó, golpeando el puño derecho contra la palma de la otra mano.

La tensión en la habitación iba en aumento. Yo sabía que él estaba pensando en darme un puñetazo. Por un instante, me pasó por la cabeza quitarme las gafas para que no se rompieran si me atacaba.

—Señor Baumann, esta no es la forma de decirnos la verdad —gritó mientras indicaba a uno de los hombres que recogiera las esposas—. Usted no es suizo. Es estadounidense —volvió a gritar—. Si no nos dice la verdad tendrá que quedarse aquí por mucho tiempo.

Los gritos y las amenazas se sucedieron por más de una hora. No importaba lo que yo dijera, el señor Akram rehusaba creer que le estaba diciendo la verdad. Por mucho que quisiese decirle lo que él quería oír para conseguir salir de allí, yo sabía que sería peligroso mentir y que al final sólo complicaría las cosas cuando interrogaran a Glenn.

Eran las cuatro de la tarde cuando el señor Akram se dirigió a su ayudante para decirle: «Ya basta».

Los hombres recogieron sus papeles y mi pasaporte y salieron de la habitación. Un soldado, que seguramente había estado esperando fuera, entró y se sentó en una de las sillas. Mantuvo la mano firmemente sobre su arma y me lanzó una mirada amenazadora.

Me cansé tanto de ser observado que cerré los ojos. Un remolino de pensamientos inquietantes me daba vueltas en la cabeza. ¿Dónde estaba Glenn? ¿Le habían ya soltado? ¿Me detendrían después de confesar que era ciudadano estadounidense?

Después de atormentarme por diez minutos, el soldado se levantó repentinamente y me hizo señas para que le siguiera.

Bajamos al vestíbulo y pasamos a un salón. A mí me hizo entrar y él se sentó junto a la puerta. Me hizo una señal con la mano que interpreté como que se me permitía pasear. El salón estaba escasamente decorado. A un lado había una oficina con un escritorio y una máquina de escribir. Al fondo de la oficina había un baño pequeño. El salón sólo disponía de una salida vigilada por el soldado.

Decidí sentarme en la oficina para estar a solas con mis pensamientos e intentar dar sentido a lo que estaba sucediendo. Así también podría orar un poco.

Pero no estuve solo por mucho tiempo. Se abrió la puerta, oí unas pisadas y el señor Akram entró en la oficina. Parecía frustrado y molesto. ¿Sería capaz de golpearme en esta ocasión?

Puso un montón de papel sobre el escritorio, delante de mí.

—Muy bien, señor Baumann, ya va siendo hora de que se lo tome en serio. Deje de jugar con nosotros. Escriba todas las mentiras que nos ha dicho hasta ahora. Especifique claramente por qué vino a Irán y responda con todo detalle a las preguntas que hasta aquí le hemos hecho. Lo que le suceda depende de la colaboración que nos preste.

Todo mi ser quería gritarles: «Les estoy diciendo la verdad. No hay nada más que les pueda decir. Pero contuve mi aliento y esperé a que él saliera.

Un minuto después estuve ante el montón de papel, intentando pensar qué poner. Pero no tenía arrestos para comenzar. No importa lo que escribiera, sabía que encontrarían lagunas. Y por alguna razón no entendía; no estaban dispuestos a creer nada de lo que yo les dijera acerca de ser un asistente social cristiano.

Miré a través de la ventana; estaba en el segundo piso. El callejón que había en la parte trasera del edificio estaba desierto. Se oían bocinas de coches y chirriar de frenos en la distancia, a medida que se acercaba la hora punta vespertina de Teherán. Mirando hacia abajo, me acordé de las películas de James Bond que había visto cuando era chico. Me pregunto qué hubiera hecho él en mi lugar. Ciertamente, no habría permanecido sentado sin actuar hasta que su interrogador hubiese regresado.

Volví a fijarme en la ventana. Tenía un picaporte; se podía abrir lo suficiente para dar un salto. Me levanté y me acerqué. Si lograba pisar la repisa, podría darme la vuelta hacia la pared y luego saltar hasta el suelo. Me dije que dos pisos no era una altura elevada, pues podría tocar el suelo y echar a correr. Con el dinero que me quedaba en el bolsillo, podría tomar un taxi y dirigirme directamente a la embajada sudafricana. Estaba en buena forma física y sabía que tenía bastantes posibilidades de conseguir escapar. Pero al sentarme, sabía que se trataba sólo de una fantasía concebida por mi mente cansada. Tenía que quedarme y hacer frente a lo que sobreviniera. Tenía que confiar en Dios. No me quedaba otra opción.

A las cinco y media, regresaron el señor Akram y su ayudante. Yo todavía estaba sentado ante escritorio, intentando escribir. Las manos me temblaban ante las graves consecuencias que podían derivarse por un solo error que cometiera, de manera que mi escritura apenas era legible.

—¿Es esto todo lo que ha escrito? — aulló el señor Akram, mirando los dos párrafos que había conseguido articular.

—En este momento no puedo escribir —dije cortésmente.

—¿Está nervioso? ¿Qué intenta ocultar? —replicó el señor Akram.

—*Allá vamos otra vez* —pensé—. No, no es porque haya hecho algo malo —respondí.

—Entonces, ¿por qué está tan nervioso si no ha hecho nada malo? —me espetó— ¿Qué es lo que le pone nervioso? ¿Le hemos maltratado?

—No —dije—. No me han maltratado.

—¿Hay algo que no quiere que sepamos, señor Baumann? ¿Tal vez algo que nos esté ocultando?

—No. Le he dicho todo acerca de mi persona.

El sol ya se había puesto y un manto de oscuridad se cernía sobre Teherán mientras nuestra conversación daba vueltas y más vueltas. De pronto, mi interrogador cambió de rumbo.

—Levántese —señor Baumann—. Vámonos —ordenó.

Me levanté y les seguí. El soldado vino detrás de nosotros con el arma. Bajamos las escaleras, seguimos por un pasillo y alcanzamos la zona del vestíbulo. Me sorprendí de que Glenn saliera al mismo tiempo al vestíbulo desde uno de los laterales.

—¿No te han dejado en libertad? —solté de buenas a primeras.

No —contestó.

—Creí que ya habías salido.

—Cállense — gritó el señor Akram en inglés—. Acompáñennos —dijo en farsi, señalando la puerta principal.

Atravesamos el vestíbulo débilmente iluminado y otros tres hombres surgieron de la penumbra. Los siete salimos a la calle. El señor Akram y su ayudante nos flanqueaban y los otros tres caminaban delante.

La temperatura nocturna era fría; transitaban pocos coches e incluso menos peatones por la calle.

Caminando en silencio, muchas preguntas acudieron a mi mente. ¿Adónde nos dirigíamos? ¿Nos llevaban acaso a la embajada de Sudáfrica? Si no, ¿cómo iba Nadia, u otro empleado de la embajada, a descubrir dónde nos llevaban? ¿Por qué no creían que yo tenía doble nacionalidad? ¿Habían interrogado a Glenn al mismo tiempo que a mí? Y si así era, ¿qué le habían preguntado?

Recorrimos unos cincuenta metros y los tres hombres que nos guiaban doblaron una esquina. Había tres vehículos estacionados.

El señor Akram nos condujo hasta el que estaba en medio. Los aprehensores nos forzaron a ponernos una venda. Una vez en el vehículo, uno de los hombres me empujó la cabeza contra el respaldo del asiento delantero y me dijo que no la levantara.

Los vehículos avanzaron por las calles de Teherán, pero yo ignoraba hacia dónde nos dirigíamos. No tuvimos que esperar mucho, porque en menos de una hora llegamos a un recinto. Nos despojaron de nuestras pertenencias, incluidas mis gafas, nos obligaron a ponernos calzoncillos y pijamas de tallas más pequeñas que las nuestras y nos llevaron al sótano del edificio. Al bajar las escaleras recordé claramente las palabras que Dios me había hablado unos días antes. «Vas a tener que descender hasta el fondo antes de salir de aquí». De repente, estas palabras cobraron nuevo significado, por lo que comencé a orar que yo le fuera fiel, no importa cuál fuese la senda que tuviera que transitar.

Al final de un pasillo mal iluminado el guardia me agarró de la muñeca y me detuvo. Oí un cascabeleo de llaves en una cerradura y el chirrido de una puerta que se abría. Súbitamente, me dieron un empujón por la espalda. Yo vacilé e intenté recuperar el equilibrio. La puerta se cerró.

Me quité la venda y examiné dónde estaba. Era una celda como de un metro con ochenta de ancho por dos metros con cuarenta de largo. El suelo de baldosas se hallaba cubierto con una alfombra fina; un radiador de aceite cubría parte de una pared. En la parte superior de un rincón de la celda había un ventanuco. Una manta lo taponaba para intentar detener la corriente de aire frío que se colaba por la abertura, pero la celda era húmeda y fría.

Giré la cabeza y vi una puerta gris metálica. Tenía una abertura como la de un buzón de correos, a unos treinta centímetros del suelo. Recorrí la celda varias veces y me senté en la alfombra frente a la puerta. En mi interior sentí un remolino de crudas emociones encontradas. Me rodeé las rodillas con los brazos para intentar consolarme y tranquilizarme. No dio resultado. Las emociones, las preguntas, las dudas siguieron bombardeándome. Yo era un estadounidense en una cárcel de Irán. Me vinieron a la memoria imágenes de los rehenes estadounidenses en la embajada de Estados Unidos en Teherán hacía casi dos décadas. Ciertamente, yo no tendría que sufrir lo que ellos padecieron. Era de esperar que Nadia ya hubiera averiguado adónde habíamos sido transportados y alertado a la embajada sudafricana. Mañana los funcionarios de la embajada aclararán el malentendido y Glenn y yo seremos libres. O al menos eso esperaba.

NUEVE

«Dígame la verdad»

Oí que alguien arrastraba los pies. Una bandeja metálica fue deslizada a través de un espacio por debajo de la puerta. En la bandeja había un plato de arroz cubierto con carne *kofta*. Tenía mucha hambre, ya que no había probado bocado desde el desayuno, Me senté en el suelo con las piernas cruzadas y recogí la bandeja. Perdí el apetito al ver que la comida estaba fría. No obstante, me forcé a tragar unos pedazos de carne y un poco de arroz. Pero en vez de saciar el hambre, la comida me revolvió el estómago. Tiré el resto en un cubo que había junto a la puerta. Creí hacer un uso correcto del recipiente. Normalmente no me cuidaba de tales detalles, pero ahora me preocupaba bastante de hacer lo correcto para no causar problemas y no dar ocasión a mi interrogador de abusar más de mí.

Puse la bandeja en un rincón y me arrastré hasta la puerta. Acerqué el oído hasta la abertura del fondo y escuché. Oí a dos hombres hablar. Parecía que ambos estaban en celdas distintas. Un rayo de esperanza me iluminó. Tal vez podría contactar con Glenn.

—Glenn, ¿me oyes? —susurré tan alto como pude, contuve el aliento y esperé.

—Sí —llegó una respuesta nítida del pasillo.

—¿Cómo estás? —le pregunté.

—Bien —¿y tú?

—No muy bien —dije—. Nunca imaginé que las cosas saldrían así. ¿Sabes qué está pasando?

—No.

¿Te han dicho cuanto tiempo vamos a estar aquí?

—No.

—¿Estás solo en la celda?

—Sí

—Yo también —dije—. Presiento que van a volver a interrogarnos mañana.

Antes que Glenn pudiera responder oí unas pisadas que se acercaban a mi celda y unos golpes. La puerta metálica vibró con estruendo.

—¡Silencio! ¡Ya! —gritó un guardia.

Me alejé de la puerta a rastras con un sentimiento de victoria. Descubrí algo que el guardia no quería que supiera: Glenn estaba bien y a poca distancia.

Al cabo de quince minutos, tuve necesidad de ir al retrete. No lo había en mi celda, de modo que me levanté y empecé a golpear la puerta. Confiaba en no irritar a los guardias, pero no tenía otro remedio. Unos minutos después oí un sonar de llaves y la puerta se abrió.

—¿Qué pasa? —preguntó el guardia ásperamente.

—Necesito ir al baño —contesté.

Él gruñó y señaló otra puerta enfrente de mi celda. Me dirigí hacia allí y abrí la puerta. Era un cuarto oscuro, pero tenía dos sanitarios. Como casi todos los sanitarios de países orientales, eran básicamente agujeros en el suelo. El cuarto estaba dividido; oí un goteo al otro lado de la pared y supuse que era una ducha.

Cuando terminé, el guardia me volvió a encerrar en mi celda. Me horroricé cuando un cuarto de hora después sentí la urgente necesidad de volver. Sólo había bebido una o dos tazas de agua en todo el día, pero los nervios me habían traicionado. Acabé yendo al retrete cada cuarto de hora por un espacio de dos horas. En cada viaje, la frustración del guardia conmigo iba en aumento. Cada vez tardaba más en llegar a la celda cuando yo golpeaba la puerta y maldecía cada vez que la abría y me dejaba salir.

Finalmente, en torno a las 2 de la madrugada, la necesidad de ir al baño cedió y me quedé solo con mis pensamientos. Repasé los acontecimientos del día en busca de alguna clave que me revelara lo que había hecho para merecer el trato que estaba recibiendo y alguna pista de lo que me podía sobrevenir. Intenté concentrarme en cosas positivas, pero no importa qué dirección tomaban mis pensamientos, al final siempre volvían a la fría y solitaria celda que me tenía atrapado. La desagradable realidad que me envolvía me provocaba un fuerte deseo de escapar, pero después de cada círculo de deseo racionalizado, aún seguía encerrado en una fría celda de una cárcel de Teherán, sin saber lo que me esperaba.

Un poco más tarde oí el cambio de turno de los guardias. Esperé quince minutos e intenté de nuevo contactar con Glenn.

—Oye, Glenn ¿estás ahí? —susurré desde el agujero del fondo de la puerta.

—Soy yo —oí que respondía un susurro familiar.

—He estado pensando —dije— que les voy a decir toda la verdad cuando me vuelvan a preguntar. No tiene sentido ocultarles nada. Espero que no nos maten.

—Está bien —Dan—. Yo he estado pensando la misma cosa. Los dos contaremos la verdad y dejaremos las consecuencias en manos de Dios.

Hablamos unos cuantos minutos más y convenimos en intentar dormir un poco para prepararnos para lo que el nuevo día nos pudiera deparar.

Pero el sueño no llegó. Resultó fácil decir que el desenlace quedaba en manos de Dios, pero me costó ponerlo en práctica. Dudé incluso que Dios estuviera conmigo. Desde mi más temprana adolescencia, yo había sentido la presencia de Dios conmigo. Aunque me gustaba practicar deportes de equipo, a veces me gustaba la soledad. Una vez, en un campamento de otoño, cuando tenía dieciséis años, me aparté a un lugar solitario junto a un arroyo y le pregunté a Dios quién era y qué esperaba de mí. Me encontraba al borde del agua tirando guijarros y, de repente, no sé ni como vino, tuve una fuerte impresión. Sentí como si Jesús estuviera a mi lado diciéndome: «Dan, no compliques las cosas. Yo quiero ser tu amigo. Si quieres arrojar guijarros al agua, adelante. Yo los arrojaré contigo». Aquella noche fui a cenar sabiendo que Dios no quería que yo fuera su robot en la tierra. Él quería estar a mi lado y ser mi amigo. Y así es como había sido casi toda mi vida.

Pero, tendido en mi fría celda, me pregunté dónde estaba mi Amigo. Pensamientos y acusaciones acudieron a mi mente tan deprisa como las pisadas del guardia sobre las losas de piedra del pasillo. «¿Dónde estás? —le pregunté, enjugándome las lágrimas que me corrían por la mejilla—. ¿Por qué permitiste que esto me sucediera?

No obtuve respuesta.

—¿Cuánto tiempo voy a estar aquí? —pregunté en una voz audible y desesperanzada.

Entonces escuché una voz interior que me alarmó.

—Estarás aquí nueve semanas —dijo la voz.

Me desperté del todo y me incorporé. Me horrorizó el pensamiento. ¡No podía ser! Dios no podía hacerme sufrir nueve semanas de un infierno como éste. Al final, llegué a pensar que me hallaba tan afectado por las circunstancias que me estaba imaginando cosas. Me acordé de mi hermana mayor Lis que había estado nueve días encarcelada en Nepal. Quizá yo pasara por la misma experiencia. Dios sabía que eso era el máximo que podía soportar sin ver el sol ni hablar con mis padres por teléfono.

Al acordarme de mis padres me eché a llorar. Me acurruqué y me puse a gemir desconsoladamente.

Sólo había llorado unos minutos cuando se encendió la luz de la celda. Me arrastré hasta la puerta con ojos humedecidos y me asomé por el agujero. Sonoros cánticos retumbaron en la celda y retrocedí. Pero agachándome hasta el suelo pude ver que habían colocado un altavoz frente a mi puerta.

¿Cómo pude olvidarlo? Era el primer día del Ramadán, el mes sagrado en el que todos los musulmanes ayunan desde la salida hasta la puesta del sol. No era de extrañar que la prisión se hubiera despertado tan temprano. Un poco después se presentó un guardia delante de mi celda.

—Apártese de la puerta —gritó una áspera voz.

Yo obedecí y la puerta se abrió.

—No mire —dijo la voz de un anciano con una pronunciada cojera.

Con una mano sujetaba un plato de metal con un pedazo de pan, un poco de mermelada y un cubito de queso blanco, y con la otra una taza de té negro. Me miró con impaciencia. Yo tomé rápidamente la taza y el plato, los puse en el suelo y le pasé la bandeja vacía de la noche anterior.

—¿Qué hora es? —le pregunté. Él miró su reloj.

—Las tres en punto —respondió y, sin más, cerró la puerta.

Aunque todavía no había concluido, esta noche ya era la más larga de mi vida. Me senté en el mismo sitio en donde había cenado y puse el plato delante de mí. Unté la mermelada en el pan lo mejor que pude con el dedo y lo probé. Estaba duro y rancio, por lo que lo ablandé en el té. El té disimuló su ranciedad y me lo comí en un santiamén. Aún con hambre, recogí el queso blanco para comérmelo, pero su fuerte olor me revolvió el estómago, de manera que lo arrojé al cubo de basura.

El resto de la noche discurrió lentamente. Me asomé por el pequeño hueco del ventanuco no oscurecido por la manta. Una leve cortina pálida de luz me anunció que estaba a punto de amanecer. Cuando salió el sol, la monotonía de los cánticos se hizo interminable. Al cabo de no mucho tiempo se apoderó de mí una migraña, producto combinado de los cánticos, el estar sin gafas, el no dormir y la constante preocupación.

Adiviné que serían como las once cuando se abrió la puerta de la celda y entraron dos guardias.

—Póngase la venda y acompáñenos —dijo el guardia más alto. Hice lo que se me ordenó y fui conducido a través del pasillo. Con el rabillo del ojo vi una habitación espaciosa con grandes manchas de sangre en el suelo e interruptores eléctricos con electrodos. Me vinieron a la cabeza imágenes horrendas de las torturas que allí debían de ejecutarse. Sentí alivio cuando la dejamos a un lado y entramos en otra.

—Ya puede quitarse la venda, señor Baumann —dijo una voz.

Me estremecí. Reconocí de inmediato la voz del señor Akram, el mismo que me interrogara el día anterior.

Me quité la venda y miré en derredor. Me hallaba en una habitación amplia, con cuatro sillas en torno a una mesa central y un calentador portátil en un rincón. El señor Akram estaba sentado en una de las sillas.

—Siéntese —me dijo.

Me senté en la silla que él me indicó y miré hacia el suelo de baldosas. El temor me paralizó. Debajo de mi silla había un gran charco de sangre seca. Alguien que se había sentado en ese mismo sitio debía haber sangrado profusamente. Probablemente, mientras lo golpeaban hasta la muerte —me dije—. Procuré no mirar hacia abajo.

—Hola, señor Baumann —comenzó diciendo el señor Akram con una voz aceitosa—, ¿ha pasado una buena noche?

—He dormido mejor —repliqué.

—Aquí tiene sus gafas. Estoy seguro que las ha echado de menos.

Se inclinó, me las entregó y yo me las puse inmediatamente.

—¿Hay algo que le haya faltado en su celda que yo pueda conseguirle? —preguntó.

Me dieron ganas de soltar una carcajada. Podía empezar con una cama confortable, un baño decente y una explicación honesta del porqué estaba en la cárcel.

—No, por ahora estoy bien —conseguí decir.

—Muy bien, entonces podemos ir al asunto, ¿no es así? —continuó, sacando cuaderno y bolígrafo de su maletín.

—Bien, quiero que me responda unas preguntas muy sencillas, ¿de acuerdo?

—De acuerdo —dije, temiendo que se repitiera lo del día anterior.

—¿Cuándo llegó a Irán?

—El 27 de diciembre de 1996 —respondí.

—Muy bien. Y ¿cuál fue la razón principal por la que vino?

Gesticulé un segundo. Recordé la conversación que había tenido con Glenn por la noche acerca de ser totalmente honesto, y entonces recordé el charco de sangre seca debajo de la silla. *Señor, ayúdame a transmitir tu amor a estos hombres,* oré en silencio y respiré hondo antes de abrir la boca.

—Estoy en Irán para hablar de Jesús. Estoy aquí como turista y es verdad que he venido para ver si puedo establecer lazos comerciales, pero tengo convicciones profundas y esas convicciones son las que antes que nada me han traído a Irán.

El señor Akram dejó su bolígrafo y se acercó a mí.

—¿Y cuáles son esas convicciones profundas, señor Baumann?

—Yo creo que Jesucristo es el único Hijo de Dios, y que movido por su gran amor por nosotros murió en la cruz para que podamos encontrar el camino para retornar a Dios.

El señor Akram se mofó.

—¿Por qué cree eso? —preguntó.

Aunque se burlara, estaba dispuesto a oír más, de manera que seguí hablándole de que Dios desea transformar las vidas y proporcionarles paz y alegría.

—¡Qué interesante! —comentó el señor Akram secamente—. Quizá quiera también contarnos quién financia estos viajecitos, señor Baumann.

—Bueno —dije sintiéndome un poco menos intimidado por la sangre seca debajo de la silla—, tengo muchos amigos que creen en lo que estoy haciendo. Me dan un poco de dinero y mi iglesia me da otro poco y vivo muy sencillamente, como usted sabe. Me alojo en casa de amigos o en hoteles baratos y como comida del país.

—De modo que su iglesia le suministra dinero, ¿eh? ¿Y qué le pide a cambio del dinero que le dan?

—Sólo que trate de ayudar a la gente y que cuando tenga la oportunidad les diga que Jesús les ama —respondí. Sabía que esto podía parecerle increíble a un musulmán, pero yo estaba resuelto a no decir más que la verdad y a dejar las consecuencias a Dios. Ya me había lanzado y no podía retractarme.

—¿E hizo esto mientras estaba en Afganistán? —preguntó el señor Akram.

—Sí —contesté.

—Dígame exactamente cómo hizo el trabajo por el que le pagó su iglesia, señor Baumann.

Cuanto más hablaba más fe se acumulaba en mi interior. El himno «Anda en la luz que Dios habita» me rondaba en la cabeza, sabiendo que en tanto siguiera el consejo del himno no tenía nada que temer. Después de oírme hablar del hospital por unos veinte minutos, el señor Akram dio sensación de aburrimiento. Me interrumpió y cambió de tema.

—Bueno, señor Baumann, todo eso está muy bien, pero ¿no cree que ya es hora de ser honesto con nosotros? Usted no es suizo. Deje de decir que es suizo. Eso ya quedó claro. Usted ha mentido. La próxima vez cuando le preguntemos, diga que es estadounidense.

—Y suizo —intercepté. Las venas del cuello del señor Akram se hincharon y los ojos se le achataron.

—Quítese las gafas, señor Baumann —gritó.

Las manos me temblaban. Me las quité y las puse sobre la mesa. Me acordé del viejo dicho «nunca golpees a un hombre con gafas».

¡Zas! Recibí una fuerte bofetada en la mejilla derecha.

—Vamos, señor Baumann, puede hacerlo mucho mejor. Es hora de que nos diga la verdad.

—Se la he dicho lo mejor que he podido —balbuceé.

¡Zas! Recibí otro fuerte golpe en el rostro. Se me soltaron las lágrimas y me castañeteaban los dientes.

—Díganos que significa la CIA, señor Baumann.

—Agencia de Inteligencia Central —respondí.

—Ajá —gritó el señor Akram retrocediendo—. Parece que vamos por el buen camino. ¿Cómo puede saber eso un trabajador social? ¿Eh?

Quise echarme a reír por lo absurdo del comentario, pero sabía que no lograría más que inflamar la situación y ganarme otra bofetada.

—En los Estados Unidos todo el mundo lo sabe —dije—. Se menciona incluso en las películas.

—Usted trabaja para la CIA. Admítalo —exigió— y me volvió a golpear.

En ese momento me vinieron a la memoria las palabras de Jesús en Mateo 5:44: «Orad por los que os ultrajan y os persiguen» (RV 60).

—Miente. Todo estadounidense en el extranjero trabaja para la CIA. ¡Es su deber patriótico!

—Yo no trabajo para ellos —le dije.

Otra bofetada.

—Diga la verdad.

Bofetada.

La conversación duró otras quince o veinte bofetadas hasta que se me hincharon las mejillas y la cabeza estuvo a punto de estallarme.

—Vuelva a ponerse la venda, señor Baumann —silbó el señor Akram.

—Pronto volveremos a tener otra conversación como ésta y espero que esté dispuesto a colaborar.

Recogió las gafas y el guardia me escoltó.

La puerta de la celda se cerró con fuerte golpe. Me quité la venda cautelosamente. Me hubiera gustado tener un espejo para comprobar el daño sufrido en la cara, pero al pasarme los dedos por encima noté que estaba tiesa e hinchada. Me senté en el rincón y dejé fluir las lágrimas. Estaba seguro de que ahora le tocaría el turno a Glenn y oré por él entre sollozos: «Señor, dale fortaleza para amar a estas personas y declarar la verdad aunque ellas abusen de él».

Mientras oraba, la paz vino sobre mí. De un modo extraño me sentí liberado. Aquello que todo estadounidense teme que le suceda en países musulmanes me estaba sucediendo a mí. Me hallaba encarcelado sin mediar ninguna explicación. Se me interrogaba y se me golpeaba y, sin embargo, sentía la presencia de Dios conmigo. Y ese sentimiento hizo que todo aquello por lo que estaba pasando fuera soportable. Recordé mi oración a Dios y me recordé a mí mismo que tenía que confiar en que Él debía tener un propósito en lo que me estaba pasando. No lo comprendía, pero sabía que tenía que confiar en Él para poder superarlo.

Estuve sentado unas dos horas con la espalda recostada contra la pared, pensando en el sermón del monte que predicara Jesús. «Dichosos serán ustedes cuando por mi causa la gente los insulte, los persiga y levante contra ustedes toda clase de calumnias. Alégrense y llénense de júbilo, porque les espera una gran recompensa en el cielo. Así también persiguieron a los profetas que los precedieron a ustedes».

La simplicidad y el poder del sermón de Jesús me conmovieron.

Como a media tarde, oí que los guardias volvían a acercarse a mi celda. El estómago se me contrajo. ¿Tendría otro careo con el señor Akram?

Me puse la venda y salí al pasillo. Por el pasillo oí que en una celda un hombre hablaba consigo mismo; otro cantaba. Entré en la sala de interrogatorios y volví a oír la voz ya familiar y terrorífica del señor Akram.

—Quítese la venda, señor Baumann.

Me la quité y me senté en la misma silla en que me sentara horas antes.

—Ahora que ha tenido tiempo para pensar en ello, tal vez le gustaría contarnos la verdad.

—Ya se la he dicho toda, señor —respondí.

¡Zas! La primera bofetada me golpeó esta vez en la mejilla izquierda. Mi cerebro registró el golpe, pero me hice una pregunta: *Señor, ¿qué piensas tú del señor Akram y estos hombres?*

—*Les amo* —sentí que me respondía.

A pesar de mi situación desesperada, mi corazón se conmovió ante un Dios que amaba a todas sus criaturas sin condiciones y que quería mantener una relación con cada uno de ellos. Una vez más, sentí que una paz se adueñaba de mí. Debió reflejarse en mi cara porque después de la tercera bofetada, el señor Akram se detuvo y me miró fijamente.

—¿En qué está pensando, señor Baumann? —inquirió. Yo tragué saliva.

—Puede que parezca ridículo —le contesté—, pero le amo.

Los tres hombres que había en la habitación rompieron a reír.

—¡Está mal de la cabeza! —dijo el señor Akram volviendo a golpearme. Es usted un idiota.

—No —dije al ver que aflojaba un poco—, no estoy loco. Tengo el Espíritu Santo dentro de mí y Él quiere que ustedes conozcan a Jesús como yo le conozco. Una vez que conozcan a Jesús, podrán incluso amar a sus enemigos.

—Ja —resopló—; ¡no es de extrañar que el Occidente sea tan débil! ¡Qué historia tan ridícula!

—Señor Akram —le dije mirándole fijamente a los ojos—, puede golpearme todo el día, pero seguiré amándole. Pero, mucho más importante que esto es que Jesucristo le ama.

—Cállese —gritó—. Cállese.

Se sentó y me devolvió las gafas. Al parecer, los golpes habían cesado por el momento. Me las puse, pero sólo conseguí ajustármelas precariamente debido a la hinchazón de la cara.

El señor Akram volvió a hacerme las mismas preguntas que me había hecho por la mañana y el día antes. ¿Pertenecía a la CIA? ¿Qué me había pedido mi iglesia que hiciera en Irán? ¿Por qué insistía en fingir que era suizo? ¿Podía recordar cada minuto que había pasado en Irán? ¿De dónde procedía realmente mi dinero? ¿Qué contactos tenía mi pastor en Washington?

Esta batería circular de preguntas duró más de una hora. Luego, otra vez me fueron confiscadas las gafas y se me condujo a la celda con la venda puesta.

Sentí una extraña ola de alivio cuando la puerta se cerró. En mi fuero interno, la celda que al principio tanto odiara se había transformado en un refugio seguro.

Allí nadie me golpeaba ni me gritaba. Nadie iba a decirme que era un idiota o un mentiroso al servicio de la CIA. Este último pensamiento me asustó porque sabía que si llegaban a creer que yo trabajaba para la CIA, ello me podría costar la vida.

Ya era la última hora de la tarde. Me senté al lado de la puerta para contemplar la pequeña porción de cielo a través del ángulo del ventanuco. Viendo las nubes pasar, me acordé de Job, quien se había preguntado, en el Antiguo Testamento, por qué Dios había permitido que le sucedieran tantas desgracias. «Señor —oré en voz audible—, no importa lo que me pueda ocurrir, no quiero blasfemar contra ti. Aunque tuviera que permanecer aquí el resto de mi vida, no quiero cuestionar tu decisión. Pero soy débil y temo hacer precisamente eso. Ayúdame, por favor, a no deshonrar tu nombre».

DIEZ

«Ésta es su última oportunidad, señor Baumann»

Por fin la pálida luz amarillenta que se colaba por el resquicio del ventanuco se disipó. Alguien se acercó por el pasillo. Deseaba que llegara la hora de la cena, porque apenas había comido la última vez que me trajeron de comer.

Efectivamente, la puerta de la celda se abrió y apareció el anciano. En esta ocasión trajo una bandeja con arroz, albóndigas de ternera, guisado de carne, dos pedazos de pan y una taza de té caliente. Tomé la bandeja y la taza y le pasé el plato metálico y la taza vacía del desayuno. Le di las gracias por la comida y me senté en el rincón de la celda que había escogido como comedor.

Los cánticos no cesaron de sonar en todo el día por el altavoz apostado frente a mi celda. La hora de la cena no fue una excepción. Ingerí los alimentos amenizado por los agudos cánticos de un mullah.

Finalmente, como a las diez de la noche, el altavoz dejó de hacer ruido. Me arrastré hasta la puerta y me senté junto a ella por un rato, dudando si debía llamar a Glenn. Una parte de mí no quería llamar.

¿Qué haría yo si él no estuviera? Y si hubiera sido brutalmente golpeado, ¿cómo podría consolarle? Me tomó bastante tiempo, pero al final me armé de coraje y emití un susurro a través de la abertura de la puerta.

—¿Glenn, estás ahí?

—Sí, soy yo —llegó la respuesta.

—¿Te han interrogado? —le pregunté.

—Sí. Me dieron algunas bofetadas. ¿Y a ti?

—A mí también. ¿Estás bien?

—No tengo nada roto, pero ya estoy cansado de que me hagan las mismas preguntas una y otra vez.

—Lo mismo me pasa a mí —respondí—. Ahora soy un manojo de nervios, pero cuando estuve con Akram, sentí manar un poder a través de mí. Te aseguro que el apóstol Pablo tenía razón. El Espíritu Santo me dio palabras para responder; le dije a Akram exactamente por qué estábamos aquí.

—Es asombroso —repuso Glenn—, a mí me pasó lo mismo. Dan, que bueno es que los dos nos comprometiéramos a decir la verdad, porque así es más fácil que nuestras respuestas coincidan, ¿eh?

—Tienes razón —le dije.

En ese preciso instante un guardia dio una patada a la puerta y dejé de hablar. Me cubrí con una manta de lana. Tenía la seguridad de que a pesar de todo aquel sinsentido Dios estaba conmigo y me daba coraje.

Un pensamiento errático me mantuvo despierto casi toda la noche. Pero conseguí dormir unas dos horas antes de un desayuno que anunciaba el principio de mi segundo día en prisión. Confiaba fervientemente en que fuera el último. Está claro —me dije a mí mismo— que mis aprehensores no pueden hacerme las mismas preguntas indefinidamente. ¿De qué serviría?

A eso de las once dio comienzo la misma rutina del día anterior: el guardia, la venda y la espera del señor Akram. Pero esta vez no hubo preámbulo de bienvenida, sino una áspera arenga y airada reprensión, al entrar en la habitación, por colaborar con la CIA.

—Quiero que me facilite los nombres de todos sus contactos —me gritó mientras me despojaba de la venda.

—No conozco a nadie de la CIA —dije, intentando no expresar toda la frustración que sentía.

—Ya lo creo que sí —replicó bruscamente—. Sabemos a ciencia cierta que tiene contactos con la embajada estadounidense en Kabul y Asjabad. Usted ha estado en las dos embajadas, ¿no es así?

—Bueno, sí —accedí—. He visitado esas embajadas y he hablado con gente que trabaja en ellas. Pero no eran agentes de la CIA, sino sólo empleados con los que hablé de visados y de los documentos necesarios para viajar.

—¡La India! —el señor Akram me chilló—. También conoce agentes de la CIA en la India. De nada sirve negarlo, señor Baumann.

Yo quise gritar también. Parecía que no había manera de convencer a mi interlocutor de que le estaba diciendo la verdad. Él quería que yo fuera espía de la CIA y no iba a dejar de importunarme hasta que confesara que lo era. Y si sucumbía a la presión y les decía lo que querían oír, sabía que ello podría significar pudrirme el resto de mi vida en una oscura celda de una cárcel iraní o incluso la muerte, si llegaba el caso, lo que mejor sirviera a sus ambiciones políticas.

—Después de unos minutos de interrogatorio agresivo, el señor Akram cambió de táctica. Sonrió ampliamente y dijo con voz suave:

—Dan, hagamos un trato.

—¿Qué desea? —le pregunté.

—¿Por qué no se hace agente doble?

—¿Qué quiere decir con agente doble? —inquirí.

—Bueno, sabemos que usted trabaja para la CIA y tenemos una carta que necesitamos hacer llegar hasta ellos. Si lo desea, puede hacer de mensajero para nosotros. Si accede a esta proposición, quedará en libertad en veinticuatro horas y no le haremos más preguntas.

—¿Cómo puedo ser agente doble si no trabajo para el gobierno? —dije, desanimado, por no haber sido creída ni una sola palabra de mi confesión.

—Piénselo, Dan, piénselo —dijo el señor Akram tranquilamente—. Esta puede ser su única vía de escape.

Hablamos un poco más y decidí no comprometerme. Deseé desesperadamente regresar a mi celda para reflexionar en lo que se me acababa de ofrecer. Necesitaba examinar la clase de trampa que el señor Akram me estaba tendiendo. Finalmente nos separamos en un tono amistoso y fui devuelto a la celda.

Pasé mucho tiempo pensando y orando acerca de lo que se me había sugerido en el último interrogatorio, de modo que no me sorprendí cuando por la tarde el señor Akram fue en persona a verme a mi celda. Parecía relajado y contento de verme. Yo me puse de pie.

—¿Ha pensado en ello, señor Baumann? —dijo con entusiasmo— ¿Ha pensado en mi oferta?

—Yo no dije nada. No tenía sentido.

El señor Akram se atusó su recortada barba.

—Bueno, ¿hay algo que pueda hacer por usted mientras toma una decisión? —me preguntó.

—Sí —dije yo—, tratando de sacar el máximo partido a su oferta.

—Puede devolverme mi Biblia y las gafas.

—No hay ningún problema, señor Baumann —dijo alegremente—. Le serán devueltos en breve.

Sonrió por última vez y salió de la celda.

Media hora después, la puerta de la celda se volvió a abrir: un guardia me entregó las gafas y mi Biblia encuadernada en piel.

Me puse las gafas y sostuve la Biblia por un rato, casi asustado de romper el hechizo del momento si la abría. Por fin, hojeé varias páginas y me refugié en los Salmos. Leí y medité en unos cuantos hasta que las luces se apagaron.

A la mañana siguiente, de nuevo me puse la venda. Pero una vez que salí al pasillo, el guardia me condujo en dirección opuesta. Este cambio de rutina me fastidió. Me había ido acostumbrando poco a poco y me apoyaba en la rutina de torcer a la derecha cuando salía de la celda, aunque condujera hacia el señor Akram y sus abusos. Pero mi mundo institucionalizado sufrió un revés. Me llevaron hacia la izquierda.

Después de avanzar escasa distancia por el pasillo, se me hizo entrar en una habitación, en donde me quité la venda. Mis ojos tuvieron que adaptarse a una luz brillante. Me hallé en una oficina lujosa. El señor Akram estaba sentado detrás de un escritorio de caoba. Supuse que era su despacho.

—Bueno, Dan, pongámonos a trabajar —dijo en un tono amigable, casi como si me hubieran citado para una entrevista de trabajo. Puso un cuaderno y un bolígrafo sobre el escritorio y me los acercó.

—Díganos sus actividades para la CIA en las dos últimas semanas y todo le irá bien. Saldrá de aquí muy pronto.

—No puedo. Yo no soy miembro de la CIA —aclaré.

—¿Qué quiere decir?

—Ya le he dicho muchas veces que no tengo nada que ver con la CIA

El talante amigable del señor Akram cobró súbitamente un tono amenazador.

—Señor Baumann, ¿sabe usted lo que puede sucederle si no obedece?

—No —respondí; en el fondo, me temía lo peor.

—¿Sabe que podría ser nuestro huésped... —hizo una pausa— por muchísimo tiempo?

—No puedo evitarlo —manifesté—. ¿Qué puedo decir? Yo no estoy con la CIA y no conozco a nadie que lo esté. Si lo estuviera llevaría la carta para ustedes, pero como no lo estoy, no puedo hacerlo.

—¡Qué lástima!, señor Baumann —dijo el señor Akram—. No queda más que una forma de salir de aquí. Si me da cincuenta mil dólares, le podría poner en libertad mañana.

—Me eché a reír. ¿Dónde cree usted que puedo conseguir tanto dinero?

—Bah, ¡no es nada para ustedes! Sé lo que tienen en sus cuentas. Sé lo que gana la gente en Estados Unidos. Deje de jugar conmigo y sea sensato. ¡Ayúdese a sí mismo mientras pueda! Dio un golpe en el escritorio para hacer hincapié.

—Puede que consiguiera reunir dos mil dólares como mucho —contraataqué.

—Esta vez fue el señor Akram quien rió.

—Entonces va a tener que verme por mucho tiempo —y en un tono serio añadió—: Esta es su última oportunidad, señor Baumann. ¿Va a confesar o no?

—No puedo confesar —declaré fatigado—. No tengo nada que confesar.

—Muy bien, usted ha escogido —dijo extendiendo las manos—. Y volviéndose hacia el soldado le instruyó: «Lleve a este preso a su celda».

Acababa de instalarme en el rincón de mi celda cuando la puerta se abrió de nuevo y entró otro guardia.

—Déme las gafas y ese libro —exigió.

Me consterné. Pero no tuve más remedio que obedecer.

Sin nada que leer para desviar mis cavilaciones de la última sesión de preguntas, comencé a repasar mentalmente los acontecimientos de los dos últimos días. ¿Creía Akram que yo era realmente agente de la CIA? ¿Quería que confesara para dejarme en libertad? ¿Qué quería decir conque aquella era mi última oportunidad? ¿Me iba a suceder algo malo en breve?

Recordé la espeluznante historia que un empleado de la embajada de Sudáfrica nos había contado a Glenn y a mí un día antes de que fuéramos detenidos. Al parecer, otra empleada de la embajada, una mujer iraní, tenía un hijo que se interesaba por el pueblo turkmeno. Se le había advertido en varias ocasiones que no investigara nada sobre este pueblo y que no contactara con ellos. Se le dijo que las vidas de los turkmenos no debían de registrarse en modo alguno. Pero el hijo no hizo caso: investigó discretamente y visitó algunos turkmenos en sus *yurts* (tiendas de pieles).

Una tarde, cuando la empleada de la embajada y su marido estaban en casa, alguien llamó a la puerta. Eran dos oficiales de la policía iraní. Entraron en la casa con una bolsa negra de basura transportada entre los dos. Sin mediar palabra dejaron la bolsa en el suelo del salón de estar y se marcharon. Cuando la pareja abrió la bolsa, retrocedió horrorizada. Contenía el cuerpo descuartizado de su hijo. De aquel asesinato nunca más se supo, pero la mujer nunca pudo recuperarse plenamente de la devastadora conmoción que le produjo el brutal asesinato de su hijo.

Pensando en ese caso, se me hizo patente el grave problema en que Glenn y yo estábamos metidos. No sólo habíamos admitido el haber hablado con iraníes acerca de nuestra fe en Jesús, ya de por sí una grave falta en Irán, sino que además nuestros aprehensores nos confiscaron las notas que mostraban claramente nuestro interés por los ciudadanos turkmenos.

Empecé a barajar la opción de que «una última oportunidad de confesión» significaba que pronto iba a ser ajusticiado, probablemente en la horca, y aunque esta posibilidad fuera macabra, la prefería a un pelotón de fusilamiento.

Sentado en la celda descubrí algo peor que pensar en la posibilidad de ser condenado a muerte: dar rienda suelta a mi imaginación para ocuparse de mi familia y amigos. Era más agradable pensar en mi mamá y mi papá y preguntarse qué estarían haciendo en ese preciso instante, o si mi hermana menor ya habría dado a luz. Me imaginaba incluso lo que podría estar haciendo en mi casa de Colorado. Quizás estaría jugando al golf con algún amigo o de caminata por las montañas con un grupo de amigos. Estos pensamientos me ofrecían un agradable escape de la presente situación por breves instantes. Pero cuando volvía a centrarme en el presente, aún me encontraba en aquella celda, solo, asustado y diez veces más angustiado que antes. Intenté disciplinar mi mente para concentrarme en la experiencia que estaba viviendo dentro de los muros de la cárcel. Era la única forma de frenar los ciclos de depresión en los que caía. Pero no era fácil. La seductora fascinación de buscar refugio y consuelo pensando en el hogar, la familia y los amigos era casi irresistible.

Eran como las cinco de la tarde cuando otro guardia se presentó a la puerta de la celda y me mandó ponerme la venda. No sabía qué me esperaba. La única cosa de la que estaba razonablemente seguro era que no íbamos a otro interrogatorio de Akram. Le creí cuando me advirtió que era mi última oportunidad.

El guardia me guió hasta la primera habitación en la que había sido interrogado, la del charco seco de sangre. Cuando me quité la venda, descubrí que allí estaba Glenn sentado. Sentí tanto alivio al verle que quise darle un abrazo. Parecía hallarse en forma razonablemente buena, salvo un pequeño corte debajo del ojo izquierdo.

—¿Qué tal estás?

—Bien —contestó—. Dios ha sido bueno, ¿eh?

—Ya lo creo —repliqué.

El guarda que me condujo a la habitación señaló dos bolsas negras de basura.

—Vístanse —dijo en farsi.

—Dice que nos vistamos —le dije a Glenn. Eché mano de la bolsa más cercana. La abrí y allí estaba mi ropa.

—Esto parece que va bien —dije mientras me despojaba del uniforme de la cárcel.

—Sí, esperemos lo mejor, ¿eh? —dijo Glenn.

Me sentí bastante bien al despojarme del pijama de la cárcel y ponerme mi propia ropa. Mi reloj y las gafas también estaban en la bolsa. Una vez vestido, el guardia me pasó un bolígrafo y una hoja de papel. Era la misma hoja en la que había anotado todas mis pertenencias a mi llegada a la prisión. Todo estaba como yo lo había dejado, incluso la cartera con el dinero que contenía. Firmé la hoja y esperé a que Glenn comprobara sus cosas e hiciera lo propio.

—Pónganse las vendas —gruñó el guardia.

Tomé las gafas y las deslicé en el bolsillo de la camisa antes de ponerme la venda por la que creí que sería la última vez. Un guardia me tomó del brazo, me condujo por el pasillo, subimos diez peldaños y salimos por una puerta grande al frío aire de la noche. Respiré profundamente antes de que se me empujara y me dijera que entrara en el vehículo. Por un extremo de la venda vislumbré lo que pareció ser el mismo Nissan Patrol que nos había transportado a la cárcel. Lo tomé como otro buen síntoma, aunque no sabía por qué. Glenn subió al vehículo y se sentó a mi lado.

—Agáchense —dijo el guardia.

Glenn y yo obedecimos inmediatamente y metimos las piernas entre las rodillas. También nos agarramos del brazo para apoyarnos y animarnos mutuamente. ¿Nos hallaríamos camino a la libertad?

ONCE

Celda 58

Es el quince de enero, ¿no es cierto? —Susurré a Glenn mientras viajábamos.

—Eso creo —repuso—. ¿Crees que nos van a dejar en libertad?

—Esperemos que sí —contesté.

Presté atención a propósito cuando el vehículo franqueaba el control de la cárcel y se disolvía en el tráfico callejero. Los coches y los camiones tocaban sus bocinas y los frenos chirriaban en derredor. En medio de todo el ruido, busqué posibles claves que nos indicaran hacia dónde nos dirigíamos.

El vehículo circuló por unos treinta minutos hasta que redujo la velocidad y se detuvo. Oí al conductor bajar el cristal y hablar con alguien.

Pensé que aquello era otra especie de control y levanté un poco la cabeza tratando de captar dónde nos encontrábamos. Me ajusté la venda para ver un poco por el extremo izquierdo. Entonces mi ánimo desmayó. Estábamos delante de otro recinto grande y de aspecto siniestro, rodeado de altos muros de ladrillo rojo y sólidos portones metálicos. Varios guardias rodearon el vehículo.

Volví a bajar la cabeza.

—No tiene buen aspecto —susurré a Glenn—. Probablemente estamos en otra prisión.

Glenn no respondió. Los dos nos mantuvimos hombro con hombro, sumergidos en nuestros propios pensamientos por varios minutos.

Cuando todo el papeleo oficial se hubo tramitado, se abrieron los portones y el conductor maniobró hasta hacer alto en un patio grande. Al bajarme, noté que había una zona ajardinada a mi izquierda. Aunque sólo podía ver una pequeña porción de la estructura que nos rodeaba, tuve la impresión de que aquellas instalaciones eran mucho más grandes que la cárcel que acabábamos de abandonar.

Una vez fuera del vehículo, se invirtió la rutina de todo lo que habíamos hecho al salir de la cárcel. Subimos algunos peldaños, se nos condujo a un cuarto y se nos pidió que nos despojáramos de la venda y de la ropa. Cuando me quité la venda, todos llevaban el uniforme de guardia o el revelador pijama de franjas de la cárcel.

Se me entregó otra bolsa de basura, aunque ésta tenía un lazo amarillo para cerrarla, y se me dijo que metiera mi ropa, salvo la interior. Otra vez tuve que hacer una lista de los artículos personales que introducía en la bolsa y después firmarla. No ofrecí meter las gafas, y para consuelo mío no se me pidió hacerlo. Uno de los guardias intervino y puso mi cepillo de dientes y el inhalador de asma en otro banco. Confié en que eso significaba que entrarían conmigo a la celda.

Cuando me hube desvestido, otro guardia me pasó un par de calzoncillos largos y una camiseta. Lo mismo que antes, eran demasiado pequeños para mí —varios centímetros más cortos—, pero me las arreglé para ponérmelos, sabiendo que si me quejaba, podía quedarme sin nada. Cuando hube logrado ponerme los calzoncillos, uno de los guardias me mandó ponerme unos pijamas de franjas, así como un par de sandalias de plástico.

Glenn también tuvo que ponerse a la fuerza un uniforme carcelario obviamente demasiado pequeño para él. Una vez vestidos, los dos guardias que nos escoltaron desde la otra cárcel salieron del cuarto, dejándonos al cuidado de otros cuatro guardias que nunca antes habíamos visto. Uno de ellos, un poco mayor, de rasgos curtidos y un asomo de amabilidad reflejado en la comisura de sus labios, introdujo la mano en la bolsa y sacó mi billetera. Sacó veinte mil riales y puso el dinero al lado de mi cepillo de dientes.

—Necesitará esto —dijo mientras volvía a meter la cartera en la bolsa.

Le di las gracias, no sin preguntarme a mí mismo para qué podía necesitar dinero en un lugar como ése.

En todo momento, mantuve la Biblia cerca de mí. Esperaba recurrir a alguna manera de retenerla conmigo para no tener que devolverla a la bolsa. Miré a los guardias. Todos parecían amigables y relajados, pero uno de ellos, un hombre de unos cuarenta y cinco años, exhibía un rostro especialmente abierto y amable. No era, obviamente, el jefe de los guardias, pero pensé que sería el más indicado para ayudarme. Decidí recurrir a él.

—Señor —le dije mirándole a los ojos—, yo soy cristiano y leo la Biblia todos los días. Me gustaría quedármela, igual que a un musulmán devoto le gustaría tener consigo el Corán en un tiempo como éste.

El guardia pareció sorprendido, como si no pudiera creer que estuviera hablando con él. A continuación miró hacia otro lado. No pude distinguir si había movido ligeramente la cabeza.

—Póngala en la bolsa —dijo finalmente, después de un instante de indecisión.

Hice como se me dijo, me senté en un estrecho banco de madera y me lamenté. Sentado, inclinado sobre el banco, la pijama se encogió hasta parecer ridícula. Los pantalones me llegaban a la mitad de las piernas.

Fuera del cuarto se oían voces que parecían monólogos. En seguida me di cuenta de que hablaban por teléfono. Supuse que estábamos en algún pabellón administrativo.

Un minuto después, otro guardia entró en el cuarto y me ordenó ponerme de pie. Teníamos que irnos. Me hizo señas para que recogiera el cepillo de dientes, el inhalador y el dinero. Miré por última vez a Glenn, me puse la venda y extendí el brazo para dejarme conducir. Avanzamos por un pasillo y torcimos a la izquierda. Por el rabillo del ojo pude ver que a ambos lados había puertas metálicas. Y supe que era conducido a otra celda. Todo se parecía a la cárcel que acabábamos de dejar, excepto que junto a las puertas había estantes con pequeñas cestas para poner las pertenencias de los presos.

El pasillo daba a una zona espaciosa. Distinguí el brillo fosforescente en una pared con pantallas de televisión. Miré de reojo para ver las pantallas. Descubrí horrorizado imágenes de los pasillos desiertos de la cárcel. Fui consciente de que cualquiera que fuese este lugar, era una prisión de alta seguridad, dotada de medios técnicos.

El guardia me hizo detener delante de un armario. Abrió la puerta con llave y me bajó la venda.

—Tome una —dijo señalando una pila de mantas grises.

Yo tenía los pies congelados, de manera que no así una, sino cuatro mantas. Contuve la respiración, esperando que me gritara por haber desobedecido una orden, pero al guardia no pareció importarle cuántas mantas cogía. Las puse bajo el brazo, me puse la venda y esperé para ser conducido. Avanzamos unos cuantos metros más y torcimos a la derecha. Llegamos al fondo de otro pasillo y entonces el guardia me detuvo y me bajó la venda.

—Celda 58 —dijo—. Recuerde este número. Ése es usted.

—Deje ahí sus cosas —dijo señalando la cesta que había en el estante al lado de la puerta.

De nuevo me sentí decepcionado. Al fin y a la postre, no conservaría mi cepillo de dientes ni el inhalador. Al ser despojado del control de mi vida, las cosas más pequeñas que podía retener me servían de consuelo. Puse las cosas en la cesta, a regañadientes, y el guardia abrió la puerta de la celda para mostrarme mi nuevo hogar.

Era más o menos del mismo tamaño que la antigua celda. Una bombilla, protegida por una malla de alambre, arrojaba una luz desagradable sobre el habitáculo. Miré instintivamente la cubierta del suelo, ya que no había cama en la celda. La alfombra, no más gruesa que una toalla, estaba raída y gastada.

El guardia cerró la puerta y se marchó. Volví a estar solo.

Examiné un poco más la celda. Había un cubo rojo de plástico para la basura y una jarra de pico ancho. En el suelo había un tazón de sopa y una cuchara, la cena de aquella noche. A la derecha de la puerta había un lavabo de acero inoxidable y un retrete sin asiento. Giré los grifos y comprobé sorprendido que echaban agua fría y caliente. Esperé un momento y dejé el agua caliente correr sobre las manos. Era un lujo sencillo, pero muy agradable. A un lado del lavabo había dos barras de jabón; enfrente de la puerta, un radiador cubierto con una pantalla metálica.

Me senté en la desgastada alfombra y desdoblé mi nuevo hule para disponerme a cenar. Olí el alimento y casi me hizo vomitar. No obstante, me forcé a tragar un par de cucharadas. El sabor era más hediondo que el olor, por lo que arrojé el resto por el retrete. Traté de concentrarme en la puerta todo lo que pude, analizando cada arañazo y desportilladura. Sabía que sería un error examinar toda la celda demasiado deprisa. Una vez que todo hubiese sido escrutado, ¿qué podría hacer entonces?

Al cabo de un rato, me acerqué al cubo de basura y vi algo en el fondo. Levanté el cubo y metí la mano despacio. Otro preso había desechado dos cajetillas de cigarrillos. Las saqué y las abrí. Las dos estaban vacías, pero las examiné atentamente para ocupar mi mente en algo. La etiqueta negra de las cajetillas decía: «Montana, hecho en México». Me pregunté por qué no se consumían cigarrillos iraníes en la cárcel.

Después de examinar las cajetillas, pasé a contar los conjuntos de rayas marcadas en la pared. Había diez, casi todos en la pared opuesta al lavabo y el retrete. El cómputo más pequeño sumaba dos y el más grande, veintiséis. Obviamente los habían raspado mis predecesores a los que también se les asignara la celda cincuenta y ocho. No era de extrañar que marcaran el número de días que habían pasado en la celda. ¿Qué le había sucedido a aquel hombre? ¿Había sido ejecutado después de dos días? ¿Y al hombre que había pasado allí veintiséis? ¿Eran veintiséis días el máximo que las autoridades permitían a los presos estar allí encerrados? Mi razón pretendía desesperadamente aferrarse a alguna información que me proporcionara una clave tocante al periodo de tiempo que podría estar detenido. La reclusión aislada e incomunicada me ponía mal de los nervios y no sabía cuánto tiempo podría resistir.

Finalmente decidí acostarme, aunque estaba seguro que no podría conciliar el sueño. Tomé dos mantas y las doblé dos veces para conseguir unos treinta centímetros de ancho y entre dos y tres de grosor. Después coloqué las dos mantas una junto a la otra para improvisar un colchón. Las puse en diagonal, ya que esa era la única manera de estirarme adecuadamente. Las mantas eran anormalmente largas, de modo que enrollé un extremo y puse las sandalias debajo para que sirvieran de almohada.

Una vez hecha la «cama», me acosté y extendí las otras dos mantas sobre mí. La cabeza daba en la pared y los pies tocaban en la pantalla metálica. Allí tendido, me asaltaron terribles pensamientos. Pensé en la otra cárcel y anhelé volver a ella. Me hacía falta la rutina. Echaba de menos la comida y los ruidos familiares de los hombres en las celdas adyacentes, los susurros a través de la puerta, con Glenn, al otro extremo del pasillo. Lo extraño es que echara de menos la idea de no volver a ver al señor Akram. Aun cuando él me hubiera golpeado y atormentado, había sido otro ser humano con quien hablar. Sentía hacia él un vínculo irracional que no podía explicar.

En las horas que siguieron oí guardias que se acercaban a mi puerta y se asomaban a través del hueco. La presencia de sus escrutadoras caras me hacía sentir como un animal enjaulado.

El primer rostro «amable» que vi fue el del hombre de los cigarrillos. Se acercó a la celda a las ocho de la mañana. Al oír que abría la puerta me levanté. Llevaba una bandeja de madera con pilas de cigarrillos perfectamente ordenados. Hizo ademán para que tomara uno, pero negué con la cabeza. Él inclinó la suya. Creí que sus labios esbozaban una ligera sonrisa al cerrar la puerta. Confié en que tal vez quisiera ser amigo mío.

No mucho después que se marchara el hombre de los cigarrillos, oí el chasquido de un carrito. Paró a la puerta de mi celda. Le extendí mi plato y él puso un caramelo en él. Le di las gracias y me senté a observar el caramelo. Era rojo, pero ignoraba su sabor. Repasé los posibles sabores de los caramelos rojos que había probado en el pasado: cereza, frambuesa, fresa, e incluso manzana. ¿Qué sabor tendría este caramelo? Lo examiné un rato y resolví acabar con la incertidumbre. Me llevé el caramelo a los labios y lo introduje en la boca. Era de sabor fresa.

Daba las últimas succiones cuando de repente el altavoz dio señales de vida y comenzaron a resonar cánticos. El sonido retumbaba en la celda y hacía temblar las paredes de cemento. Me senté a esperar que cesara. Cuando por fin enmudeció, opté por pedir mi cepillo de dientes. No me había cepillado los dientes en tres días. Pensé que si se lo pedía al guardia con buenos modales él me permitiría usarlo.

Resultó que el guardia que acudió cuando golpeé la puerta me ofreció venderme pasta de dientes por setecientos cincuenta riales, la cual compré de buena gana.

El guardia puso la pasta dentífrica en el cepillo y lo pasó. Sentí que volvía a tener cuatro años. La pasta tenía un fuerte sabor y olor a menta, era basta y silícea, como si se hubiera colado arena entre los dientes, pero me sentí agradecido por ella. Me cepillé un buen rato, me enjuagué la boca y le devolví el cepillo al guardia.

Supuse que serían cerca de las diez. Esperé a que la brillante luz de la celda se apagara para poder dormir un poco. Mientras esperaba, intenté calmarme. Estaba muy nervioso, mayormente porque no tenía ni idea de lo que me podía suceder. Mi vida se había deslizado repentinamente por una carrera de una montaña rusa en la oscuridad. En cierto momento pensaba que caminaba por la senda de la libertad, y al siguiente estaba convencido de que me iban a ejecutar. A veces esperaba que un pelotón de boinas verdes irrumpiera en la cárcel y me liberaran.

La noche fue avanzando, pero aún la luz brillaba en la celda. Cada quince minutos, más o menos, oía pisadas acercarse a la puerta y veía ojos que me fisgaban a través del hueco.

Resolví sentarme contra la pared opuesta para no tener que mirar directamente al guardia cuando se acercara a controlarme. Así que me senté frente al lavabo y el retrete.

En torno a las dos de la madrugada sentí que había tocado fondo. ¿Podían irme las cosas peor? De pronto me iluminó un rayo de esperanza. ¿No me había dicho Dios que tendría que descender hasta el fondo antes de salir? Entonces, con seguridad esto era el *fondo*. Y si tenía que tocar el *fondo* antes de salir, entonces ¡saldría! Intenté concentrarme en este pensamiento a medida que la noche iba transcurriendo.

No conseguí pegar ojo, por lo que me alegré cuando oí el traqueteo del carrito del desayuno poco después de las tres de la madrugada. Era juéves. Mientras esperaba la llegada del carrito pensé en lo que me podía suceder en ese día. Dado que el viernes es fiesta en los países musulmanes, el jueves se parece mucho al primer día del fin de semana en los Estados Unidos. Me pregunté si sería interrogado el jueves o esperarían hasta el sábado.

Poco después se abrió la puerta y el guardia me dijo que me colocara en medio de la celda con el plato. Sujeté el plato en dirección al pasillo y él depositó una gran cucharada de arroz. Tomó el cucharón, restregó un poco del arroz tostado de un lado de la olla y también me lo echó. En Irán el arroz tostado, casi quemado, se considera un manjar. El arroz quedó cubierto con un kebab de ternera y pimienta, y además me dio una naranja y siete ciruelas pasas. Me asombré, ya que comparado con la última comida, ésta parecía un banquete.

—El carrito de la bebida llegará en seguida —dijo el guardia mientras cerraba la puerta.

Me quedé de pie, esperando, y efectivamente, en un minuto o dos la puerta volvió a abrirse. Tomé la taza vacía y la alargué. El guardia la llenó de un té humeante. Tomé tres cubitos de azúcar del plato que se me extendió. Pero no los eché en el té. Decidí guardarlos para chuparlos cuando me asaltara el hambre durante el día.

La mañana se fue arrastrando. Por supuesto, no hubo almuerzo, ya que por ser Ramadán todo el mundo debía ayunar durante las horas diurnas. A eso del mediodía me puse a chupar los cubitos de azúcar. Pero en vez de calmar el hambre, me hicieron sentir nauseas.

Pasé todo el día en tensión, esperando que algo sucediera, que un guardia o interrogador, o incluso un abogado apareciera en la celda. Pero resultó un día largo y sin novedades, por el cual me sentí agradecido.

Aquella noche, después de ponerse el sol, llegó un guardia a la puerta con la cena, consistente en una sopa de verduras y té. Me senté en medio de la celda a tomarlo, mientras fantaseaba con estar masticando un burrito con siete ingredientes en un restaurante de Taco Bell o una hamburguesa especial en McDonalds. Pronto descubrí que esa clase de fantasías no me ayudaban en absoluto. Sólo lograban añadir lobreguez a mi presente circunstancia.

Estaba bastante seguro de que si no me habían sometido a interrogatorio el jueves, tampoco lo harían el viernes, por ser un día sagrado.

A lo largo del jueves y el viernes, abundaron las llamadas a la oración por toda la prisión a través del sistema de altavoces. El viernes por la tarde, predicaron un dilatado sermón. Sólo pude entender como la mitad de lo que se decía y lo que entendí me disgustó. Ese clérigo musulmán no vomitaba sino liturgias de odio y venganza. Una y otra vez declaraba «muerte a los Estados Unidos de América», «muerte a Israel», «muerte a Irak» y que «los Estados Unidos son el gran Satán». Aunque había entrado y salido de muchos países musulmanes por varios años, me asombraba la vehemencia de las acusaciones. Si pretendían intimidarme, lo conseguían, pues el temor contra el que había estado luchando clavaba su zarpa en mi mente.

Como a la mitad de su diatriba, el mullah dijo algo respecto a que los presos de la *cárcel Evin* estábamos allí para ser ayudados a ser buenos ciudadanos musulmanes.

La sangre se me congeló. ¡Era prisionero de la cárcel Evin! Ésta era la cárcel más odiosa de Irán. Estaba reservada para los prisioneros políticos más peligrosos. Cerré los ojos e intenté aclarar mis pensamientos. ¿Suponía esto que yo era considerado peligroso? ¿Significaba que permanecería encarcelado allí largo tiempo? ¿Había sido condenado por algún crimen político? Estas preguntas me encerraron con círculos de ansiedad y me arrastraron a la desesperanza. No tenía respuestas.

Pasé las cinco horas siguientes dando vueltas a la celda, preso de la preocupación. Una, dos, tres, cuatro pisadas hasta la puerta y cuatro pisadas hasta el rincón. Cuando no andaba, me sentaba recostado en el calentador, mirando hacia la puerta. A cada hora se acercaba un guardia hasta el ventanuco para observarme. Si no daba la impresión de prestar suficiente atención a la propaganda que se lanzaba por el altavoz, me gritaba hasta que mostrara un interés conveniente. Aprendí en seguida a reponerme y simular que estaba escuchando atentamente cada vez que los guardias se acercaban a la puerta.

A pesar de los controles de horarios, a la puesta del sol comencé a relajarme un poco y a pensar en la cena, aliviado por haber sobrevivido a mis dos primeros días en la cárcel Evin.

DOCE

Que empiecen los juegos

A la mañana siguiente, intenté hacer algo para conservar mi cordura. Era hora de sacar a los *Beasleys* y los *Fat Fours*. Estos eran dos equipos que habían existido en mi imaginación desde que tenía siete años. En mi infancia solía jugar al baloncesto en solitario, tirando a la canasta que teníamos instalada por encima de la puerta del garaje. Para hacer la partida más interesante, me inventé dos equipos imaginarios que se enfrentaban entre sí. Por alguna razón, hace mucho olvidada, llamé a los equipos Beasleys y Fat Fours.

Con el paso de los años me volví más creativo y definí más claramente a los dos equipos. Cada equipo estaba formado por diez jugadores, a los que conocía por sus nombres y por los rasgos atléticos personales de cada uno. Por ejemplo, el jugador número cuatro de los Fat Fours era un veterano, pero aún brillaba y hacía excelentes jugadas si el equipo estaba contra la pared. Los jugadores número seis de cada bando eran cabezas de turco: los peores jugadores de sus conjuntos, y en situaciones muy igualadas solían echar a perder ocasiones de oro de adelantar a sus equipos. Mientras tanto, los jugadores número ocho eran jugadores de fuerza. Éstos eran capaces de llevar a cabo extraordinarias proezas atléticas. Desgraciadamente, eran confiados en exceso. En vez de ejecutar jugadas espléndidas que dieran ventaja a sus equipos, con la misma facilidad echaban a perder las oportunidades que se les presentaban y perdían la ventaja conseguida. Por eso tenía que tener mucho cuidado cuándo y dónde debía poner el número ocho en un partido.

Los Beasleys y los Fat Fours añadían un filo competitivo a los muchos partidos que yo jugaba solo cuando era niño. Eran contrincantes en baloncesto, béisbol y tenis. Y en este momento yo los había convocado en mi imaginación para que volvieran a competir. Pero antes de empezar, necesitaba una especie de pelota y algún juego que se pudiera practicar. Miré en la celda buscando algo que pudiera servir como pelota. Podía enrollar la toalla, pero no había nada con qué atarla e impedir que se desenrollara durante el juego. Necesitaba algo elástico para sujetarla y mantener su forma.

Al final, decidí que lo mejor sería usar mi ropa interior. Efectivamente, si la enrollaba fuertemente con el elástico por fuera, conseguiría una pelota sólida. Una vez que la pelota estuvo lista, pude empezar a jugar.

Después de algunos intentos, los «bolos de ropa interior» se convirtieron en una gran ayuda para pasar el tiempo. Me sentaba con la espalda recostada en el radiador y los dos equipos se turnaban para tirar la «pelota» sobre la destartalada alfombra. El objeto del juego era colocar la pelota lo más cerca posible del borde de la alfombra sin traspasarlo. Traspasar el borde significaba incurrir en falta.

Los Fat Fours, que solían ser los perdedores, eran los primeros en tirar. Los equipos se enfrentaban con un jugador por vez. Cada juego consistía en tirar diez bolas. Yo marcaba las posiciones de la pelota con pedazos de cartón arrancados de las cajetillas de cigarrillos. La pelota tenía que ser reforzada cada dos o tres juegos.

Una vez que todos los participantes habían tenido su turno, escogía los cinco mejores jugadores de cada equipo para celebrar la final.

Después de la final, anunciaba el equipo ganador, que era felicitado por el equipo perdedor.

Me concentraba tanto en el juego, recordando el marcador y el siguiente turno, que podía transcurrir fácilmente una hora o dos sin acordarme de las paredes que me rodeaban. Cuando me cansaba de jugar, los Beasleys y los Fat Fours tiraban al aro por un rato. Para este juego utilizaba los huesos de las ciruelas que nos servían en casi todas las comidas. El objeto del juego era meter el mayor número de huesos en el cubo de basura.

Practicaba estos juegos por largos periodos de tiempo, aunque no estaba seguro cuánto duraban. De hecho, el no saber el tiempo que pasaba comenzó a frustrarme. Me reté a desarrollar un método para conocer la hora del día. En mi segundo día de celda, noté que las barras de la ventana por encima de la puerta proyectaban una sombra sobre la pared opuesta. Tan pronto como apareció la sombra por la mañana, golpeé la puerta hasta que vino un guardia. Le pedí la hora y me dijo que eran las nueve en punto. A partir de entonces, siempre que veía aparecer la sombra sabía que eran las nueve de la mañana. En los días que siguieron, pregunté a los guardias la hora en varios intervalos. Hice cada vez marcas en la pared hasta lograr un reloj de sol que me proporcionaba una idea bastante aproximada de la hora hasta las tres y treinta y tres de la tarde, hora en que desaparecía el sol de la ventana de la celda.

En mi cuarto día en la cárcel Evin, a las cuatro y media de la tarde, para mi sorpresa y delicia, apareció un guardia a la puerta de la celda con mi Biblia. Recordé mi llegada a la cárcel, cuando le pedí al guardia de rostro amable si podía retenerla. En aquel momento pensé que no le había importado, pero parecía que había reconsiderado mi petición. Cuando el guardia cerró la puerta agarré la Biblia y la sujeté contra mi pecho. Después que él desapareció, la abrí en el libro de Mateo y comencé a leer. En las semanas que siguieron, la Biblia me brindó mi mayor fuente de consuelo.

Apenas se oían ruidos a través de las paredes de la celda, aunque a veces se oía fluir agua por las cañerías en la celda contigua. Un día me chocó que mi vecino usara tanta agua en el lavabo. Pensé que probablemente lavaba ropa. Aparte de los juegos que había inventado, encontré otra actividad que podía ocupar parte del tiempo. Casi no me preocupaba de lavar la ropa; entonces pensé qué otra cosa podía lavar. Me decidí por el pelo. Lo tenía cada vez más largo y carecía de peine. Debido a ello, el pelo se me enredaba y el cuero cabelludo me picaba bastante.

Desgraciadamente, descubrí que el jabón me producía más escozor del que sentía antes de lavarme la cabeza, pero no podía hacer nada al respecto. De modo que el lavado de cabeza se convirtió rápidamente en parte de mi rutina diaria. Mis días estaban ahora ocupados de competiciones de baloncesto, lectura de la Biblia, oración, lavados de pelo, comida y una interminable espera de lo que me sucedería después.

Finalmente, el 22 de enero, mi undécimo día de encarcelamiento, un guardia vino a buscarme. Me dijo que recogiera la toalla y el jabón y que me colocara la venda. Me sacó de la celda y me condujo por una senda desacostumbrada. Cuando me quité la venda, me hallé en una sala con taquillas. A mi izquierda había una ducha, no una ducha cualquiera, sino con grifería occidental.

El guardia señaló un carro con una pila de ropa.

—Escoja una muda limpia para ponerse —dijo.

Yo eché una ojeada a pantalones y camisas en busca de los más grandes que pudiera encontrar. No había ninguno muy grande, pero después de un rato me las arreglé para hallar un pijama que casi me quedaba bien.

—Bien —dijo el guardia apartando la ropa limpia e indicándome que me metiera en la ducha.

Me despojé del pijama sucio tan pronto como pude para aprovechar al máximo la excursión en caso de que el tiempo fuera limitado. Eché la ropa sucia en un montón y me metí en la ducha. La ducha no estaba montada en la pared, sino en el techo, y cuando abrí el grifo se precipitó sobre mí un torrente de agua caliente. Nunca había vivido una experiencia tan agradable. No me cupo duda de que la ducha estaba bien desinfectada, por lo que me llevé una gran alegría cuando el agua balsámica empezó a fluir sobre mí cabeza. Durante uno o dos minutos casi me olvidé de aquel lugar. Esperé a que el guardia me dijera que saliese, pero él estaba recostado en la pared y no parecía tener prisa alguna por volver a su servicio.

Estuve dentro de la ducha una media hora; cuando cerré el grifo, la piel se me empezaba a encoger. Cuando volví a la celda, iba limpio, llevaba pijamas limpios y caminaba con elasticidad en los pies. El lujo sencillo de una ducha me había levantado el ánimo considerablemente.

El viernes por la mañana, los guardias llegaron y me sacaron de la celda. Me escoltaron por el pasillo hasta lo que pensé que sería otra celda. Pero era un cuarto de limpieza vacío. La principal diferencia entre la celda y aquel cuarto es que éste no tenía techo, aunque sí una rejilla metálica que permitía ver el cielo. Era fantástico respirar aire puro y poder ver el cielo.

Desgraciadamente, el guardia regresó al cabo de diez minutos.

—Es hora de marcharnos —dijo.

Dejé el cuarto de limpieza a regañadientes, pero a partir de entonces, todos los viernes me sacaban al mismo cuarto por un breve intervalo. Los guardias lo llamaban «tiempo al aire libre».

Al día siguiente, un guardia abrió la puerta de la celda y me preguntó si quería ver al médico. Yo dije que sí, siempre dispuesto a cualquier tipo de distracción. Me puse la venda floja y aguardé a que se me guiara. Me llevaron a la misma zona administrativa en la que Glenn y yo habíamos estado cuando llegamos a la cárcel.

—Mire a la pared y espere —dijo el guardia, dejándome de pie, junto a varios hombres.

Miré por un extremo de la venda. En la pared derecha, vi un cuadro de unas montañas nevadas. No recordaba haber visto esta pintura la primera vez que entré en esta habitación, pero el paisaje me recordó a las montañas Rocosas de Colorado. Pasé bastante tiempo mirando de reojo el cuadro. Era la imagen más hermosa que había contemplado en dos semanas.

—Acompáñeme —dijo un guardia que me guió hacia un escritorio. Cuando nos detuvimos me dijo—: Quítese ahora la venda.

Hice como se me dijo y comparecí delante de un joven con bata blanca. Debía tener aproximadamente mi edad.

—Puede hablarme en inglés —dijo el médico con acento británico—. ¿Qué problema tiene?

—Bueno —me pregunté cuántas veces oiría la misma queja—, no puedo dormir por la noche y muchas veces estoy deprimido, especialmente cuando se me interroga.

El médico asentía mientras yo hablaba.

—¿Cuánto tiempo está consiguiendo dormir? —me preguntó. Yo pensé antes de contestar.

—Supongo que dos o tres horas al día —respondí.

Levantó las cejas. Pensó un instante y emitió su diagnóstico.

—Señor —dijo—, creo que usted padece ansiedad y depresión.

Yo quise responder: ¡No me diga! ¡Fue a la facultad de medicina durante tantos años para discernir eso!, pero en vez de ello, moví afirmativamente la cabeza con gesto de preocupación.

—Puedo recetarle algo que le ayudará —reseñó el médico—. Le será entregado esta misma noche. Debe tomar dos pastillas antes de acostarse.

Di las gracias al médico, me puse la venda y fui devuelto a mi celda.

Aquella misma noche me trajeron un frasco de Diazepam. Por supuesto, el frasco debía quedarse en el estante de afuera. Cuando me dieron ganas de dormir un poco, golpeé la puerta de la celda y pedí al guardia dos pastillas.

Supuso un gran alivio saber que por fin iba a descansar bien aquella noche. No obstante, me preocupaba caer en la adicción si las tomaba con demasiada frecuencia. Sin embargo, decidí no darle más vueltas al asunto, especialmente porque me ayudaban a dormir profundamente cuatro o cinco horas por noche. A veces me despertaba por la mañana físicamente bien restaurado.

Por esos días pasaba bastante tiempo leyendo la Biblia. Pero por mucho que leyera, no me levantaba el ánimo. Me sentía muerto por dentro. Todas las mañanas me decía que Dios estaba allí conmigo y que Él me amaba, pero no parecía experimentarlo.

Dos días después de visitar al médico, la puerta de la celda se abrió: me sirvió la comida el segundo oficial de la prisión. Yo ignoraba por qué razón él empujaba el carro de la comida aquella noche, pero extendí obedientemente el plato para que lo llenara de arroz y un guisado líquido de color marrón grisáceo. Cuando el oficial me hubo llenado el plato le dije «Khali Mamnun», que por lo que yo sabía era una expresión persa para dar las gracias a una persona importante que había hecho algo por ti.

Pronto me enteré de que aquellas dos palabras habían origina-
do murmuración por toda la cárcel. Los guardias se decían unos a
otros: «¿Qué les parece ese extranjero? Dijo Khali Mamnun al jefe.
¿No conoce acaso la ley islámica? Ese extranjero es un pecador y ¡se
atreve a bendecir a un musulmán devoto!

—Te apuesto a que le caen otros cinco meses por decir eso —oí
que decía un guardia.

—¿Sólo cinco meses? —repuso otro— Le caerán por lo menos siete.

Que yo supiera, le había dado las gracias de una manera especial,
que también expresaba una especie de bendición espiritual sobre el
receptor, y, además, cierta igualdad con la persona a quien bendecía.

En los días que siguieron oí por casualidad a muchos guardias
decir que recibiría otros siete meses de cárcel por haber dicho aquello.
Aunque ellos podían burlarse de mí, yo me lo tomé en serio y comencé a sentir pánico. De hecho, durante las diarias emisiones islámicas
por radio, las letras de algunos cantantes mencionaban al extranjero
al que le iban a caer siete meses por el error que había cometido. Toda
la prisión estaba al tanto de lo que me estaba pasando.

Yo me anonadé. Dos palabras sencillas eran suficientes para sub-
vertir mi mundo. Peor aún, no parecía haber manera de corregir el
entuerto que había hecho, salvo cumplir más tiempo de condena. Comencé a desfallecer pensando que podría pasar en la cárcel Evin el
resto de mi vida.

TRECE

Día catorce

El día decimocuarto de mi cautividad toqué fondo. El pensar que había hecho algo que podía conducirme inadvertidamente a pasar siete meses más en la cárcel me obsesionaba. Perdí incluso la esperanza de que algún día me liberaran. Empecé a torturarme con pensamientos depresivos: Soy un estadounidense en un país en el que a los Estados Unidos se le conoce como el «Gran Satán». Me estoy engañando a mí mismo. Nunca me pondrán en libertad. Llevo ya en prisión más de dos semanas y todavía no he sido juzgado. Ni siquiera sé de qué me acusan.

Sentado en un rincón, meditando en estos pensamientos e influido por tales sentimientos, oí una voz interior que me decía: «Ven a casa, Dan. Todo irá bien; ven a casa». Reconocí que era la voz de un amigo fallecido hacía un año. Después, una segunda voz resonó en mi mente: «Sí, Dan, vamos, sube. Te encantará estar aquí». En esta ocasión era la voz de mi mejor amigo de universidad. Había muerto a los veintinueve años, después de caer enfermo en un viaje misionero a África.

Miré en derredor con un pensamiento en mente: ¿Cómo podía ir hasta ellos? La única manera era a través de la muerte. En unos instantes, llegué al convencimiento de que Dios había permitido a mis amigos hablarme para que no tuviera temor de suicidarme. No obstante, cometer suicidio no sería fácil. Los guardias se habían asegurado de que no hubiera ningún objeto punzante en la celda. Incluso el cepillo de dientes se guardaba en una cesta, en el estante de afuera, y sólo se me prestaba bajo estricta supervisión. Concebir una forma de poner fin a mi vida burlando el sistema de control de la cárcel para unirme a mis amigos en el cielo significó todo un desafío para mí.

Reposé los ojos en el lavabo. ¡Agua! Desde luego, podía sumergir la cabeza en un lavabo lleno de agua. Pensando en ello me di cuenta que tenía que buscar una manera de mantener la cabeza en el agua, incluso en contra de mi voluntad. Estudié el lavabo, como había hecho muchas veces. Pero en esta ocasión, lo hice con el ojo de un ingeniero. Estaba asegurado a la pared con dos soportes. Súbitamente, en un rayo de inspiración, se me ocurrió un plan. Si tapaba el hueco del lavabo con la camisa, se llenaría de agua. Luego podría atar un extremo de la toalla al soporte izquierdo y el otro extremo un poco flojo en el soporte derecho. Una vez que metiera la cabeza en el agua, tiraría del extremo derecho de la toalla y haría un nudo fuerte que no pudiera desatar aunque quisiera. De hecho, si el plan funcionaba, cualquier refriega por mi parte no haría sino tensar más la toalla e impedir mi escape. En un minuto o dos, tendría los pulmones encharcados de agua y subiría al cielo con mis amigos.

Mientras la «invitación» de mis amigos aún resonaba en mis oídos, até un extremo de la toalla a un soporte y esperé a que el guardia hiciera la ronda y me inspeccionara. Tan pronto como pasó por mi celda, completé los preparativos y me dispuse a seguir con el plan. Con un poco de suerte, la próxima vez que el guardia hiciera la ronda de control, haría largo rato que mi vida habría abandonado la celda.

Me quité la camisa del pijama y tapé el desagüe del lavabo. Lo llené de agua y metí la cabeza para hacer un par de pruebas rápidas. La sensación de falta de aire era terrible, pero me dije que era el precio que había que pagar por liberarme de esta vida y huir a la venidera.

Tomé el extremo flojo de la toalla y lo até en torno al soporte derecho dos veces. Sin pensarlo ni intentar una última y profunda inhalación, metí la cabeza en el lavabo. El agua estaba fría. Agarré el extremo de la toalla. Tiré de ella, la estiré y forcé mi cabeza a bajarla más. Al disponerme a hacer un último nudo en el soporte para asegurarla firmemente, las manos comenzaron a temblarme violentamente. Intenté seguir adelante, pero el intenso deseo de aflojar la tensión de la toalla, sacar la cabeza y respirar profundamente era demasiado fuerte. Antes de reprimir tal sensación, solté la toalla y saqué la cabeza del agua.

Caí al suelo y procuré recobrar el aliento. Tardé veinte minutos hasta dejar de toser agua y volver a respirar con normalidad. Aunque me sentía decepcionado por mi fallido intento de suicidio, sabía que el sistema que había concebido daba resultado. Me prometí que en el próximo intento no fallaría. La próxima vez no permitiría que las manos me temblaran o que mi resolución se tambaleara. Apretaría más el nudo. No habría punto de retorno. Me consolé con el pensamiento de que sólo estaba a unos minutos de la eternidad.

Me levanté y comprobé que la toalla aún estaba atada a los soportes por los dos extremos y volví a llenar el lavabo. Pensé en las palabras de mis dos amigos mientras metía la cabeza en el agua por última vez. Así el extremo de la toalla, resuelto esta vez a llegar hasta el final. Estaba a punto de tensar el nudo firmemente y atrapar la cabeza en el agua cuando algo se quebró en mi interior. Mi cuerpo comenzó a sacudirse con sollozos profundos e incontrolables. Lloré tendido en la alfombra bastante tiempo, claramente consciente de que casi lo había conseguido. Los pensamientos que había acariciado no procedían de mis amigos fallecidos. Me consterné al considerar que casi les había obedecido. En lo más hondo de mi corazón sabía que mi intento de suicidio había estado mal.

Recordé la fiesta de mi treinta y tres cumpleaños el pasado 14 de diciembre. En la fiesta, varios amigos me dijeron: «Dan, Jesús murió cuando tenía treinta y tres, ¿sabes?» Yo sabía que ellos lo decían en broma, pero la idea caló muy hondo en mi conciencia. Sentí como una advertencia, quizás una premonición de que Satanás iba a intentar arrebatar mi vida durante este año. ¡Y aquí estaba yo echándole una mano! Yo sabía desde mi niñez que la Biblia afirma que Satanás se disfraza como un ángel de luz. Fui consciente de que él me había inducido a creer que mis amigos querían que me suicidara para unirme con ellos. El pensamiento me alarmó. Satanás casi había tenido éxito en alzarse con la victoria definitiva sobre mi vida. Casi me había destruido a mí mismo.

Me senté aturdido y consideré lo cerca que había estado de echar a perder mi vida. La culpa y el remordimiento me inundaron por oleadas y comencé a clamar a Dios: «Por favor, perdóname. Me entrego de nuevo a ti —oré—. El único lugar en el que estoy a salvo es en tu presencia. Permaneceré en prisión el resto de mi vida, si esa es tu voluntad. Pero te prometo, no importa lo que suceda, que nunca más intentaré suicidarme. Sé que ésta no es la manera en la que tú quieres que salga de este lugar. Recorreré la senda que tú me has marcado, no la mía. Amén».

Después del intento de suicidio, sentí una cercanía de Dios que no había experimentado en la cárcel hasta ese momento; nuevo gozo y nueva seguridad en el corazón. Y sentí una nueva esperanza en mí que no podía explicar. Tuve la profunda convicción de que algo importante iba a suceder al día siguiente. De alguna manera sabía que Dios iba a decirme algo importante.

A las 7 de la mañana del día siguiente, desbordaba de entusiasmo, hasta el punto de casi no poder soportarlo. No obstante, me obligué a observar mi rutina matutina. Leí dos salmos a las siete y esperé hasta las ocho para volver a abrir la Biblia. Antes de empezar a leer, oré: «Señor, sé que estás aquí conmigo, y siento que tienes algo especial que decirme esta mañana. Por favor, guíame ahora». Abrí los ojos, convencido de que Dios me iba a hablar.

Abrí la Biblia al azar y aterricé sobre el Antiguo Testamento, en el libro de Daniel, capítulo diez. Posé los ojos en los versículos doce y trece. Los leí con expectación. «Entonces me dijo: No tengas miedo, Daniel. Tu petición fue escuchada desde el primer día en que te propusiste ganar entendimiento y humillarte ante tu Dios. En respuesta a ella estoy aquí. Durante veintiún días el príncipe de Persia se me opuso, así que acudió en mi ayuda Miguel, uno de los príncipes de primer rango. Y me quedé allí, con los reyes de Persia».

Me arrimé y recosté en la pared, casi incapaz de asimilar lo que acababa de leer. Nunca antes había experimentado una realidad tan poderosa de que Dios me estaba hablando a través de la Escritura como en este momento. Volví a leer el pasaje. «No tengas miedo, Daniel». Muy bien, me dije, no debo temer más. «Tu petición fue escuchada desde el primer día en que te propusiste ganar entendimiento y humillarte ante tu Dios. En respuesta a ella estoy aquí». Dios había estado conmigo todo el tiempo, vigilándome. «Mas el príncipe del reino de Persia se me opuso durante veintiún días». ¡Increíble! Se me puso la carne de gallina releyendo esas palabras. Habían transcurrido exactamente veintiún días desde que me fuera confiscado mi pasaporte en la frontera. Ahora estaba cautivo, pero no en una cárcel cualquiera, sino en un centro penitenciario de alta seguridad, en el corazón del reino de Persia.

Seguí leyendo y me entusiasmé aún más cuando llegué al versículo diecinueve. «¡La paz sea contigo, hombre altamente estimado! ¡Cobra ánimo, no tengas miedo!»

La palabra *paz* resonó dentro de mí. Por primera vez desde que había sido arrestado, sabía que todo iba a salir bien. Una voz interior me decía: «Saldrás de aquí a mi manera y a mi tiempo». También sabía sin sombra de duda que Dios me había permitido estar en la cárcel para un propósito. Estaba en sus manos. Aun cuando no pudiera ver el panorama completo, Él sí podía, por lo que me propuse desde ese momento confiar plenamente en Él.

Releí el pasaje muchas veces aquel día, y en cada lectura, la esperanza se iba edificando en mí. Me encontraba justo donde Dios quería que estuviese. Podía estar en lo más recóndito del infierno, pero no estaba allí por accidente. Estaba allí porque Dios tenía un plan bien definido para mí, lo entendiera o no.

Esta revelación liberó en mí un amor más grande por los que me rodeaban, especialmente por los otros presos. Casi todas las noches oía que alguien era azotado o golpeado y llegué a identificar el espeluznante grito repentino de un hombre cuando los electrodos le eran adheridos a sus pies y se le descargaba un alto voltaje en su cuerpo. Comencé a comparar mi situación con la de otros presos. Aun cuando no tuviera contacto con el mundo exterior, al menos la embajada sudafricana sabía que se me había visto por última vez en un edificio gubernamental iraní. Y estaba seguro de que en este momento los gobiernos suizo y estadounidense estarían trabajando en mi favor. También sabía que mis padres y mi iglesia estarían orando por mí y escribiendo cartas para solicitar mi liberación. Pero la mayoría de los presos no contaban con nadie fuera de Irán que al menos supiera que ellos existían. Sus derechos humanos eran brutalmente violados y pisoteados todos los días y nadie rogaba por ellos ni oraba por su liberación. Y lo que era peor, pese a lo que me pudiera ocurrir, yo sabía que estaba seguro en los brazos de Jesús por toda la eternidad, mientras que los demás presos iraníes no tenían ninguna esperanza. No tenían nada que diera significado al infierno que estaban sufriendo.

También pensaba en Glenn. Estaba seguro de que ya se le habría concedido la libertad, porque los guardias ya no le mencionaban en sus sesiones de chismorreo. Habría sido rescatado del infierno de la cárcel Evin, mientras que la mayoría de los demás presos seguramente no volverían a probar la libertad. Les esperaba un futuro incierto, e ignoraban si el nuevo día que iba a amanecer sería para ellos el último.

Y a pesar de la ceñuda realidad, cuanto más oraba, más esperanza acumulaba: Dios tenía un propósito concreto para mí en la cárcel Evin. Y yo sabía que de alguna manera pronto descubriría cuál era ese propósito.

CATORCE

«¿Se declara usted inocente o culpable?»

La convicción de que Dios tenía un propósito especial para mi cautividad en la cárcel Evin no se desvaneció, aunque externamente nada pareció cambiar. Los guardias siguieron matando el tiempo al fondo del pasillo, murmurando de mí. Hasta el más pequeño detalle de lo que hacía era notificado al grupo, y se discutía, como si yo fuese una rara especie de zoológico. Comentaban incluso que me tragaba las pepitas de la naranja en vez de escupirlas. Peor aún, no podía hacer nada para bajar el tono de sus disputas. Ni podía impedirles que me fisgaran cuando quisieran, aunque estuviera haciendo uso del retrete. Empecé a sentir paranoia. Después de un tiempo, hubiera preferido no entender el persa. De ese modo, las diarias conversaciones de los guardias no hubieran sido sino ruido incomprensible para mí.

Por algunos de los comentarios que hacían los guardias concluí que debía de haber un micrófono oculto en algún lugar de la celda, probablemente en el techo. Al sospechar que me oían me resultó más difícil orar o cantar en voz audible. No podía evitar la idea de que se mofaran de mis palabras ese mismo día. Acabé hablando cada vez menos. En torno al día treinta y cinco de mi encarcelamiento decidí hablar lo menos posible.

Después de condenarme a estar solo y de vigilarme a través de la mirilla de la puerta por tanto tiempo, me llevé una sorpresa cuando el jueves, 18 de febrero, dos guardias abrieron la puerta y entraron en la celda.

—Vámonos —ordenó el guardia de más edad.

Me levanté y me puse la venda. No sabía si me llevaban para ser de nuevo interrogado. Pero en vez de dirigirnos hacia los peldaños que conducían a las salas de interrogatorio, fui guiado en dirección opuesta, hacia el vestíbulo de acceso a la prisión.

—Siéntese y espere aquí —dijo bruscamente un guardia al llegar hasta un banco de madera desgastado junto a la puerta de una oficina.

Hice como se me mandó y esperé a que pasaran los minutos. Finalmente oí que se acercaban dos hileras de pisadas por el fondo del pasillo. Volví la cabeza hacia un lado, para ver quién era por el extremo de la venda. Me llevé una gran sorpresa cuando vi a Glenn acompañado de un guardia. No podía creerlo. Estaba seguro de que Glenn había abandonado la cárcel hacía días, o incluso semanas. Pero ahora surgía como una aparición del pasado.

—¡Todavía estás aquí! —balbuceé.

—Sí, estoy aquí —dijo Glenn llanamente, sentándose a mi lado.

Mi mente se quedó en blanco por unos instantes. No sabía qué decir a mi amigo. Lentamente, observándole por la abertura de la venda, fui asimilando los detalles. Al contrario que yo, Glenn no llevaba venda e iba vestido de paisano.

—¿Sabes qué está pasando? —pude por fin susurrar.

—No estoy seguro —repuso Glenn—, pero creo que nos llevan al juzgado.

—¿Estás seguro?

—Sí —respondió—. Ayer estuve allí. Llamaron a quince presos y nos llevaron al juzgado.

—¿Qué hicieron allí? —le pregunté.

—Bueno, tuve que esperar mucho tiempo, pero al final pude ver a un juez. Me hizo algunas preguntas generales antes de devolverme al microbús que nos transportó.

—Entonces, ¿qué va a pasar ahora? —le pregunté, aunque era consciente de que probablemente Glenn no disponía de más información que yo.

—No lo sé —dijo—. Espero que salgamos, pero ha sido un tiempo poderoso en la cárcel, ¿eh? Dios ha sido muy bueno conmigo.

—Sí —dije, escrutando los ojos claros y la tranquila sonrisa de Glenn—. Supongo que también habrás dormido bien por las noches.

—Como un bebé —dijo—. Me permitieron usar tu Biblia por unas dos semanas y medité en Filipenses, especialmente en el capítulo cuatro, versículo ocho, que trata de pensar sólo en cosas verdaderas. Ha sido un reto. He intentado ponerlo en práctica y llevar todo pensamiento cautivo. Ha sido fantástico.

Por un breve instante sentí envidia de Glenn. Durante nuestro viaje él había dormido como un tronco mientras que yo pasaba las noches en vela repasando los incidentes del día e imaginando las dificultades y peligros que podían acecharnos. Y en la cárcel, pese a la ayuda de las pastillas, sólo lograba dormir unas cuatro horas por noche, mientras que Glenn ofrecía un aspecto renovado.

—Bueno, te ha ido mejor que a mí —confesé finalmente—. Paso mucho tiempo pensando que me estoy hundiendo en una crisis nerviosa.

Glenn me agarró del brazo.

—Dan, todo irá bien —dijo—. Tenemos que confiar en Dios. Sé que todo saldrá bien, ¿eh?

—Lo sé —repuse—, pero ora por mí. No es fácil mantenerse y no quiero perder la cabeza.

Cerré los ojos y recordé mi intento de suicidio. No tenía tiempo de explicárselo en ese momento. Dudo que entendiera lo cerca que había estado de mi hundimiento definitivo.

—Levántense —ordenó un guardia cercano a nosotros.

Glenn y yo nos levantamos y nos dirigimos hacia afuera.

Una vez fuera, me asombré al oír que podía quitarme la venda. Me la quité y miré en derredor. Eran como las diez de la mañana de un día soleado de invierno. El blanco manto de nieve que cubría el suelo contrastaba vivamente con la oscuridad de la prisión. Respiré hondo un aire intensamente puro. Entonces vi claramente dónde me encontraba: en medio de una calzada, entre un edificio de ladrillo color crema, a mis espaldas, y un muro de cuatro metros y medio, enfrente. Varios presos esperaban a mi izquierda junto a un microbús Mercedes. Los conté rápidamente y sumamos diecinueve entre todos.

Por fin, el guardia hizo una señal y los presos subieron a bordo del microbús. Actuaban como si éste fuera un incidente de lo más común. Glenn y yo fuimos detrás de ellos y en seguida llenamos el vehículo. Nos sentamos en la tercera fila a la derecha.

A mí no me importaba dónde el microbús me llevara con tal de que el conductor metiera la marcha y traspasara el portón. El mero hecho de salir de allí era un lujo inesperado. Con la venda quitada nos alejamos de la cárcel Evin. Pasara lo que pasara, después de treinta y ocho días de encierro y aislamiento en una celda, iba por fin a ver el campo.

Después de pasar lista en el puesto de control, se abrieron los portones metálicos y dejamos atrás Evin.

Solo un guardia viajaba en el microbús. Pese a advertir que no se nos permitía hablar durante el viaje, cada cual iba susurrando con su compañero. Más aún, de vez en cuando estallaba un brote de risa.

La cárcel Evin quedó atrás y nos dirigimos al sur, hacia el centro de Teherán. Yo estaba confundido: no sabía si ponerme al día y escuchar todo lo que le había sucedido a Glenn o admirar por la ventanilla la hermosura de la naturaleza. Después de todo lo que había pasado casi no podía comprender que la gente se moviera libremente y disfrutara de su rutina diaria. Mujeres con grandes bolsas de verduras caminaban por las calles y hombres manejando vehículos adelantaban al microbús. Me pregunté si algún día volvería a conducir un automóvil, o a caminar despreocupadamente por la calle, o a entrar en una tienda con dinero en el bolsillo y decidir libremente qué comprar. Las mínimas decisiones cotidianas que había dado por sentadas durante años se me habían arrebatado, de modo que eran otros los que decidían lo que podía o no podía hacer. Ver la vida diaria desde la perspectiva ventajosa de un espectador, y no de un participante, destilaba un sabor agridulce.

Me acordé de un día cuando tenía doce años. Mi padre conducía por la autopista 110 en dirección a Los Ángeles y un autobús con presos circulaba delante de nosotros. Al adelantarlo, vi que los hombres llevaban puestos sus uniformes de prisión. Y me asombré que un hombre pudiera caer tan bajo como para acabar en la cárcel. Pensé que los presos que viajaban en aquel autobús no podían ser sino perdedores. Pero ahora, yo era el preso del autobús, que miraban los muchachos al pasar. Esta vez me sentí como un perdedor.

A medida que nos acercábamos al centro de la ciudad, el tráfico se fue haciendo más denso. Glenn me advirtió que íbamos siguiendo la misma ruta del día anterior, con lo que resultaba más que probable que fuéramos al juzgado. Unos veinte minutos después el autobús se detuvo enfrente de un gran recinto y se nos ordenó apearnos.

Ya fuera, se nos dijo que nos mantuviéramos en grupo mientras cruzábamos el estacionamiento y entrábamos en un edificio grande, de piedra. Una vez dentro, subimos las escaleras hasta el tercer piso. Noté que dentro del edificio había muchas oficinas pequeñas a ambos lados del pasillo. Entonces, un guardia nos mandó sentar en un banco de madera bastante desgastado. Yo escogí un sitio junto a un archivador y me desplomé para iniciar el pesado juego de la espera.

—Aquí fue donde estuve ayer —susurró Glenn—. Un hombre salió por esa puerta y me llamó para ver al juez.

—Y ¿qué pasó?

—No gran cosa, ¿eh? —dijo Glenn— Como te dije, el juez me hizo algunas preguntas acerca de lo que estaba haciendo en Irán y después me mandó al microbús.

—¿Llevabas el uniforme de la prisión? —le pregunté.

—Sí —respondió—. Me han devuelto la ropa esta mañana. ¡Cuánto me alegro de vestir ropa de mi tamaño!, ¿eh?

—¿Qué crees que significa? —le pregunté, intentando no cargarme de esperanza.

—Bueno, me dijeron que me iban a poner en libertad hoy, pero no sé si es verdad o no.

Ayer habían traído a Glenn al juzgado y lo más probable es que hoy le liberaran. ¿Qué significaba eso para mí? ¿Iba a seguir yo el mismo patrón un día después? No tenía manera de saberlo. La posible liberación de Glenn podía representar algo bueno o algo malo para mí, según se mirara.

Toda la evidencia me indicaba que tenía sobrada razón para esperar que mi libertad estuviera cerca, pero todavía tenía mis dudas, las cuales decidí confiárselas a Glenn.

—Bueno, si llegas a salir, eso significa que el gobierno de Sudáfrica debe haber llegado a un acuerdo para sacarte de aquí, pero el gobierno iraní y los Estados Unidos nunca se van a poner de acuerdo por lo que a mí respecta. Yo podría quedar encerrado de por vida.

—¡No! —dijo Glenn tratando de animarme— Conseguirás salir de aquí.

Recapacité un momento en las sencillas libertades que Glenn podría disfrutar en pocas horas. Sería libre y podría hablar con su familia.

—Tienes que llamar a mi mamá y saludarla de mi parte —dije finalmente—. El formulario que rellené en la embajada de Sudáfrica tiene su nombre y su número de teléfono. Apuesto a que estás deseando de hablar con tu familia. Es una de las cosas que más echo de menos —añadí.

Glenn frunció el ceño por un instante.

—¿Qué quieres decir? Te dejan llamar a casa cada dos semanas, ¿no es así?

—No —repliqué, asombrado por su pregunta—. ¿A ti te han dejado hacer llamadas telefónicas?

—Sí. Ya he llamado dos veces a Sudáfrica —dijo Glenn—. ¿Y las reuniones con la embajada? Te dejan reunirte con el personal de la embajada suiza, ¿no?

—No —intervine—. No he hablado con nadie.

—Estás bromeando —dijo Glenn trasluciendo sorpresa y preocupación en su voz.

No me lo podía creer. ¿Por qué a mí no me habían concedido los mismos privilegios? Se nos había dado un trato tan distinto que toda esperanza que tenía de salir de la cárcel un día después que Glenn se evaporó de inmediato.

—¿Qué te dijo el personal de la embajada? —le pregunté una vez que recobré la calma.

Cuando Glenn estaba a punto de responderme, un guardia entró en la sala de espera.

—Glenn Murray —leyó en una hoja de papel.

Glenn y yo nos pusimos de pie. Le abracé fuertemente, seguro de no volver a verle por mucho tiempo.

—Haré todo lo que pueda por ti cuando esté fuera y prometo no dejar de orar por ti hasta que salgas de aquí —susurró, y siguió al guardia.

Se me saltaron las lágrimas cuando Glenn desapareció. Ahora sí que estaba solo.

Afortunadamente, el guardia reapareció un minuto después y anunció que podíamos ir al servicio. El levantarme y caminar un poco me ayudaría a apartar mis pensamientos de la despedida de Glenn.

Seguí a los otros presos hasta el vestíbulo y entramos en un servicio grande. Lo primero que noté fue las rejas de las ventanas y lo segundo, el espejo que se extendía a lo largo de los lavabos. Me acerqué un poco sobresaltado. No me había visto la cara por cinco semanas y media y no sabía qué aspecto ofrecía. Sabía que tenía el pelo largo y enredado, pero eso no me había preparado para lo que presencié. Al mirarme en el espejo, una figura semejante a un Robinsón Crusoe, con barba larga y ojos enrojecidos, me devolvió su mirada. Me levanté la camisa del uniforme. Se me notaban todas las costillas.

Me quedé enfrente del espejo hasta que me di cuenta de que los otros presos me miraban puestos en cuclillas contra la pared opuesta, fumando cigarrillos. Me bajé la camisa y me mojé la cara con agua fría. Entonces ellos comenzaron a acribillarme a preguntas. ¿Quién es usted? ¿Por qué está aquí? ¿Qué hizo para acabar en la cárcel Evin?

Me sentí confundido. Dudé si debía o no responder a sus preguntas. ¿Qué me sucedería si uno de ellos fuera un espía infiltrado tratando de captar lo que yo dijera? ¿Cómo podía fiarme de ellos? Mi confusión se transformó en pánico y sacudí la cabeza, renuente a decir nada que pudiera comprometerme aún más.

Después de un rato, todos volvimos al banco y me senté en silencio a esperar mi turno para hablar con el juez.

Al final, bajé la guardia lo suficiente como para charlar con el preso que estaba a mi lado. Parecía tener experiencia en visitas al juzgado y creí lo que me dijo. Me contó que a todo preso de la cárcel Evin se le daba la oportunidad, al menos una vez al mes, de ver a un juez en relación a su caso. No acerté a entender cómo esas visitas frecuentes al juzgado beneficiaban a la mayoría de los presos, pero al menos les proporcionaban un día de «excursión».

Noté que muchos otros presos parecían ser buenos amigos y que se reían y bromeaban entre sí. Envidié su intimidad y notoria camaradería y le pregunté al vecino cómo era ello posible. Me explicó que los hombres se conocían bien porque vivían juntos en literas. Ciertamente, la cárcel tenía muchos dormitorios con literas. Sólo los presos más peligrosos se mantenían en reclusión aislada, como era mi caso.

El hombre también me contó que había maneras de conseguir ciertas provisiones en la cárcel y me preguntó si necesitaba algo. Yo miré mis calcetines. Tenían grandes agujeros en las plantillas debido a mis constantes movimientos.

—Unos calcetines serían estupendos —le dije, dudando que un extraño se tomara la molestia de ser amable conmigo.

El hombre me dio una palmadita en la espalda y sonrió.

—La próxima vez que le vea le entregaré sus calcetines nuevos. Espere y lo verá —dijo animosamente.

Le devolví la sonrisa, confiando hallarme para entonces camino a casa y que no hubiera próxima vez. Lo último que quería era montarme en el microbús y volver a la cárcel.

El reloj de pared dio las 12:30. Entonces acompañé al guardia por un pasillo corto y entramos en una estancia grande situada a la izquierda. Se parecía bastante a la sala de un tribunal estadounidense. Había una mesa larga y pulimentada al fondo. Por detrás había otra mesa más estrecha ante la que presumí se sentaría el juez. Entre los presentes en la sala estaban el señor Akram y un hombre más joven que había hecho de intérprete oficial cuando Glenn y yo fuimos detenidos.

El guardia me indicó que me sentara a un extremo de la mesa. Mientras tanto, inspeccioné la sala con un poco de más detalle. Me sorprendió su buena dotación técnica. Había una infinidad de cables extendidos por el suelo, conectando pantallas de televisión a videocámaras.

Después de una espera de veinte minutos nos pusimos de pie y el juez entró en la sala. Parecía tener unos treinta y cinco o cuarenta años y llevaba una camisa blanca almidonada, sin corbata, según la costumbre de los iraníes de clase alta. Nos mandó tomar asiento y noté que las cámaras entraban en acción y comenzaban a grabar el proceso.

—El *Estado* contra el señor *Daniel Baumann*. ¿Se declara usted inocente o culpable? —preguntó el juez.

Se me secó la boca. No se trataba de una reunión informal. De súbito, me di cuenta que estaba siendo sometido a juicio. Ignoraba de qué había sido formalmente acusado, no había recibido consejo legal y ¡me tocaba intervenir! Supuse que no debía declararme culpable, pero, ¿de qué serviría? Me pareció estar soñando una pesadilla. «Jesús —oré—, dijiste a tus discípulos que no temieran cuando fueran arrastrados delante de jueces y gobernantes. Tú dijiste que el Espíritu Santo nos daría las palabras que debíamos hablar. Ayúdame ahora a saber qué decir».

El juez interrumpió mi oración.

—Señor Baumann, ¿trabaja usted para el servicio secreto de los Estados Unidos?

Aunque entendí las palabras del juez, agradecí que el intérprete me repitiera la pregunta en inglés. Un tribunal era el peor sitio para cometer un error lingüístico como el que había cometido en la cárcel Evin.

—No, señor —respondí en inglés.

El intérprete tradujo mi respuesta al juez.

—Entonces, ¿puede decirnos exactamente por qué vino a Irán?

—Sí señor. Vine a Irán para hacer turismo. Entré con visado de turista.

El intérprete se apresuró a traducir mis palabras al farsi.

—Pero ¿cuál fue el motivo principal de su venida, señor Baumann? —insistió el juez.

Respiré hondo. Ahora o nunca. Elevé otra oración silenciosa al cielo pidiendo sabiduría y me lancé a hablar.

—La razón principal por la que he venido a Irán es que soy cristiano y deseo buscar maneras para hablar al pueblo iraní acerca de Jesucristo.

Vi cómo las pestañas del juez se elevaban.

—¿Y por qué creyó que eso era necesario, señor Baumann?

—Porque estoy convencido de que Él puede transformar la vida de cualquiera y darle una razón para vivir.

No dudaba que una afirmación tan atrevida inflamaría la situación, pero yo deseaba que mi testimonio quedara registrado. De este modo, si me colgaban en la horca y alguien quería saber el motivo de mi ajusticiamiento, podían escuchar la cinta y saber que había muerto con un propósito. Si iba a ser mártir, quería que fuese por un motivo justo: haber declarado la verdad acerca de mi fe en el Señor. El juez siguió preguntándome acerca de mis creencias cristianas, y mientras tanto, sentí que en mi interior se edificaba una divina confianza. Cuanto más declaraba la verdad, más valentía sentía.

Unos minutos después, el juez extrajo un sobre, se lo entregó a un guardia y le indicó que me lo pasara. Yo abrí la solapa del sobre. Dentro había un taco de fotografías.

—Siga adelante y mírelas, señor Baumann —dijo el juez—. Tengo algunas preguntas que hacerle.

Me tomó unos cuantos segundos ojear las fotos; sentí grave preocupación. No eran fotos mías. Pertenecían a la cámara de Glenn y mostraban los rostros de muchos amigos que habíamos hecho durante nuestra estancia en Irán, tanto cristianos como musulmanes. Temí no por mí, sino por ellos, especialmente cuando vi en una de las fotos una joven con una Biblia en la mano.

El juez me hizo muchas preguntas acerca de las fotografías, a las que respondí lo mejor que pude, aunque no recordaba todos los detalles relacionados con algunas de ellas.

Luego de dos horas de interrogatorio, el juez anunció una breve pausa. Aproveché la oportunidad para ir al servicio y darme un respiro.

Mientras esperaba el regreso del juez, el intérprete se acercó a mí con una sonrisa maliciosa en la cara.

—El camarógrafo desea ser salvo —se burló—. ¿Por qué no le explica cómo conseguirlo?

—Tal vez podamos hablar más tarde. Este no es el momento —respondí lo más tranquilo que pude a su sarcasmo. Este intérprete hostil era el responsable de traducir mis respuestas de forma precisa al juez. Y aunque yo entendiera mucho de lo que él decía, sabía que podía tergiversar mis respuestas de forma que yo no detectara, como burlarse de mí o faltarme al respeto. Oré intensamente y pedí a Dios que me ayudara a permanecer tranquilo mientras este hombre traducía mis palabras.

Después de la pausa, el juez cambió su batería de preguntas, ya que quiso indagar acerca de mi tiempo en prisión. Quería saber si se me alimentaba regularmente y si había sufrido algún tipo de abuso.

Respondí lo más honestamente que pude.

Entonces el juez me preguntó si deseaba hacerle alguna pregunta.

—Sí, su señoría —dije acordándome de Glenn—. Me gustaría saber cuándo podré contactar con la embajada de Suiza.

El juez mostró síntomas de desconcierto por un instante y cambió de rumbo, volviéndome a preguntar por qué había viajado a Irán.

Finalmente, a eso de las cuatro, se apagó la videocámara y se me escoltó hasta la sala donde viera a Glenn por última vez. Me hubiera gustado saber si ya era un hombre libre. Aguardé en el banco como una media hora. De pronto se abrió la puerta y apareció el juez. Me levanté de un salto.

—Mañana se entrevistará con representantes de la embajada de Suiza en la cárcel Evin —dijo en un inglés perfecto.

Noté que al hablar, sus labios esbozaban una leve sonrisa.

—Gracias —repuse entusiasmado por poder por fin entrevistarme con alguien que se pusiera de mi lado. Me alegré también de saber que el juez hablaba tan buen inglés. Aun cuando todo el juicio se hubiera canalizado a través del intérprete, sabía que el juez había comprendido casi toda mi declaración en inglés.

Cuando se marchó el juez me informaron que el microbús ya había partido con los presos hacia la cárcel Evin. Tendría que esperar a que se tramitaran ciertos papeles para poder ser devuelto a la cárcel en un automóvil. Toda esa burocracia llevaría aproximadamente una hora. Luego me acompañaron hasta un pequeño Toyota Corolla verde que me esperaba en el estacionamiento.

El conductor, probablemente no mayor de veinticinco años, me aguardaba dentro del coche, mirando nerviosamente a su alrededor.

Esperé hasta que otros tres presos salieron del edificio y se dirigieron al coche. Cuando ellos se acercaban, el conductor se apeó, sacó unas esposas de un bolsillo de la chaqueta y me ató formando pareja con el preso más veterano del grupo.

Los otros presos se enfadaron y se mofaron del conductor.

—¿Por qué ha hecho eso? —le reprocharon— Déjelo tranquilo. Tiene que estar loco para esposarlo.

Ellos parecían entender que el conductor se estaba excediendo. Yo también lo creí. Después de treinta y ocho días en la cárcel, no me encontraba en la mejor forma física como para escaparme. El conductor nos ajustó tanto las esposas a las muñecas que me dio lástima del compañero.

Ignorando las quejas de los otros presos, un guardia nos mandó entrar en el coche. Mi compañero y yo nos instalamos penosamente en el asiento trasero, primero él y después yo. Por un momento, casi me pareció posible creer que era una persona libre que salía a dar un paseo por el campo. Desgraciadamente, mi fantasía no duró mucho. No podía dejar de pensar en lo que acababa de suceder en el tribunal y en las implicaciones de algunas de las preguntas que me hiciera el juez. Aunque no se esgrimiera ninguna acusación formal y una falta absoluta de procedimiento legal impregnara toda la escena, yo sabía que ellos intentaban acusarme falsamente de espionaje. Un escalofrío de temor me estremeció cuando el Toyota traspasó el portón de la cárcel Evin y pasé a ser de nuevo el preso cincuenta y ocho.

QUINCE

Alguien estaba de mi parte

La puerta metálica se cerró y una vez más me hallé solo en mi celda. La comida me esperaba en medio del suelo. Parecían papillas de puré marrón, pero en cualquier caso comí un poco, untando trozos de torta en el puré. Mientras probaba bocado pensé en los sucesos del día. Por lo que Glenn me había dicho, tenía algunas esperanzas de que por fin me concedieran la libertad. Casi no podía creer lo vivido en la sala del tribunal. ¡El Estado contra el señor Daniel Baumann! Creí que iba a tener la oportunidad de exponer mi injusta detención y esperaba ser liberado. Pero ahora tenía serias dudas debido a la serie de preguntas que el juez me había hecho. Especialmente la de si trabajaba para el servicio secreto de los Estados Unidos. No obstante, pareció infundirle preocupación el descubrir que no me había entrevistado con ningún funcionario de la embajada. Yo quería confiar en el juez, cuando me dijo que algún representante de la embajada de Suiza me visitaría en la mañana del día siguiente, parte de mi ser le tomó la palabra al pie de la letra. Creí que era sincero al hacer esta declaración. Pero otra parte de mí me aseguraba que era una necedad confiar en cualquiera que estuviera asociado con el sistema judicial iraní. Al fin y al cabo, aún no se me había hecho mucha justicia. Con todo, a Glenn se le había permitido entrevistarse con funcionarios de su embajada, por lo que procuré aferrarme a la esperanza de que algún funcionario de la embajada de Suiza acudiera a visitarme en breve.

Cuando hube terminado lo que quise, arrojé el resto por el sanitario. Después de fregar el cuenco y de limpiar el hule, golpeé la puerta y pedí al guardia las pastillas para dormir.

Incluso después de tomar el medicamento, permanecí despierto varias horas intentando decidir lo que debía contar a las autoridades suizas si éstas se presentaban. Cuando aclaró la mañana, la cabeza me rebosaba con una lista de preguntas: ¿Qué estaba sucediendo con mi caso? ¿Por cuánto tiempo estaría encerrado? ¿De qué se me acusaba formalmente? ¿Conocía el gobierno estadounidense mi situación? ¿Qué estaba haciendo para ayudarme? ¿Habían publicado mi caso en la televisión del país? ¿Sabían los funcionarios de la embajada que había sido interrogado y golpeado regularmente?

Días atrás, un guardia había asaltado mi celda y arrojado varias hojas de papel y un lápiz a mis pies, ordenándome una vez más escribir una lista de todo lo que había hecho desde mi llegada a Irán. Mirando retrospectivamente, la lista tenía probablemente el propósito de preparar mi comparecencia en el juzgado. Cuando terminé de escribir la lista, el guardia no me pidió que le devolviera el lápiz ni las hojas de papel sobrantes. Las escondí rápidamente debajo de la alfombra.

Después del desayuno, saqué el papel y el lápiz del escondrijo y comencé a garabatear todas las preguntas que necesitaba hacer.

Acababa de anotar la última cuando se abrió de repente la puerta de la celda.

—¿Qué está escribiendo? —inquirió el guardia.

Mi corazón sufrió un sobresalto y sentí temor. Me había centrado tanto en formular mis preguntas que me había olvidado de tener presente al guardia y su fisgoneo.

—Nada importante —dije apresuradamente, doblando la hoja de papel y guardándola en el bolsillo delantero. Lo último que necesitaba era que ellos obtuvieran información que luego pudieran torcer y usar para incriminarme con nuevas acusaciones falsas.

El guardia lo aceptó y me indicó que tomara la toalla. Un brote de esperanza surgió en mí. Era miércoles, no jueves, el día normal de la ducha. Quizá se me llevaba a la ducha para que me aseara ¡antes de entrevistarme con algún miembro de la embajada de Suiza!

Hice ademán de coger la venda, pero el guardia me detuvo.

—Déme antes ese trozo de papel —me conminó.

Intenté pensar rápidamente. Lo último que quería era que las autoridades de la cárcel supieran exactamente lo que iba a preguntar a los funcionarios suizos. Si no les gustaba lo que aparecía en la lista, podían fácilmente cancelar cualquier visita concertada con el personal de la embajada.

—No —dije con voz casual, dudando hasta qué punto osaría resistir su exigencia—, no es nada, no lo necesita.

—Démelo ya —dijo bruscamente.

—Vamos —traté de engatusarle esperando que condescendiera—, no es nada importante, tan sólo asuntos privados.

El guardia se adelantó y extendió la mano hacia mi bolsillo. Las venas del cuello se le saltaban de ira. No tuve más remedio que sacar el papel y entregárselo.

De camino a la ducha me regañé a mí mismo por haber sido tan estúpido como para escribir aquello. ¿Había echado a perder la oportunidad de ver a alguien de la embajada de Suiza? Esperaba angustiado que no.

El estado de ánimo del guardia no mejoró mientras estuve en la ducha. Normalmente me podía duchar todo el tiempo que quisiera, pero esta mañana el guardia cortó el agua nada más al pasar un par de minutos. Me sequé en silencio y me puse una muda limpia de pijamas antes de ponerme la venda y regresar a la celda. Eran las diez de la mañana cuando volvió a abrirse la puerta. Esta vez, para sorpresa mía, era el señor Akram en persona.

—Vamos — dijo con una sonrisa.

Parecía contento de volver a verme, aunque yo no me fiaba ni un pelo de él. Me puse la venda instintivamente. La posibilidad de andar por la cárcel sin ella puesta me había llegado a parecer extraña. Fui conducido por el pasillo que daba a mi celda, pero en vez de torcer a la izquierda, como de costumbre, torcimos a la derecha. El corazón me empezó a latir con fuerza. No cabía duda de que algo distinto se estaba cociendo, ¡aunque confiaba y oraba que fuera algo bueno!

Recorrimos unos pocos metros más y el señor Akram me dijo:

—Ya puede quitarse la venda.

Me la quité y miré en derredor. Atravesamos una serie de puertas dobles y salimos a la luz del sol. ¿Qué pasará ahora? Me pregunté elevando los ojos a la vasta expansión del cielo.

—Le llevo a una entrevista con las autoridades suizas —dijo afablemente. De repente, su tono cambió de manera brusca.

—Señor Baumann, no debe decir ni una palabra de los interrogatorios. Estaré presente escuchándole y oiré todo lo que diga. No debe decir nada acerca del trato recibido en la cárcel. No les incumbe a los suizos. Lo único que han de saber es que usted está bien y que ha recibido un buen trato. Otra cosa no redundará en su propio beneficio. ¿Entiende bien lo que le digo, señor Baumann? —el señor Akram me señaló con el dedo para enfatizar su última declaración.

Yo asentí. Entendí exactamente lo que decía y la velada amenaza de su advertencia. No me cabía ninguna duda de que el señor Akram tenía en su poder la lista de preguntas que yo pensaba hacer. Se estaba asegurando que no me reuniera a solas con las autoridades suizas. *¡Tanto bombo acerca de una entrevista privada!,* pensé melancólicamente mientras caminábamos uno al lado del otro por una pista de cemento.

Avanzamos en silencio junto a un jardín y un par de gallineros, que supongo formaban parte del plan de reinserción laboral de la cárcel. Un poco después vimos un edificio de ladrillo de una sola planta. El señor Akram lo señaló.

—Ahí —dijo alegremente; el tono amenazante de sus comentarios previos había desaparecido.

Entramos en el recibidor del edificio.

—Quédese aquí —dijo el señor Akram, mostrándose tan nervioso como yo.

Yo esperé en silencio. Él entró en una habitación contigua. En unos instantes reapareció.

—Todo está listo —anunció, y entre dientes añadió—: Recuerde lo que le he dicho. Si no responde como le he dicho, usted sufrirá las consecuencias.

Seguí al señor Akram a la habitación contigua. Al fondo de una larga mesa de caoba esperaban sentados dos hombres pulcramente vestidos a la occidental. Ambos se levantaron cuando me vieron entrar.

—Nos alegramos de verle, señor Baumann —dijo el mayor y más alto de los dos, en un inglés inmaculado, estrechándome vigorosamente la mano.

—Soy David Steiner, encargado de negocios de la embajada de Suiza.

El otro hombre, bajo y regordete, con gafas de concha, se presentó como Walter Graff, oficial de la embajada. Después de la presentación, me invitaron a sentarme a la mesa.

Me senté enfrente del encargado de negocios. Noté que iba vestido con un elegante traje de rayas finas, mientras que yo llevaba el pijama de franjas de la cárcel. A pesar de mi alborozo por el encuentro con aquellos hombres, de repente me sentí extremadamente cohibido por mi apariencia desaliñada.

Cuando el señor Steiner extraía unos papeles de su maletín, se abrió la puerta y entró el intérprete de la sala del tribunal, junto con otros dos oficiales y una mujer, ataviados con una indumentaria de aspecto iraní. Todos ellos se sentaron junto al señor Akram; la mujer sacó un cuaderno de su bolso.

Yo me sentí completamente desmoralizado. Mi sueño de una entrevista privada con los funcionarios suizos se había ido al traste. Mientras pensaba qué responder, aún sonaba en mis oídos el eco de la amenaza del señor Akram.

—Vayamos al grano —dijo el encargado de negocios en un tono profesional.

El intérprete tradujo sus palabras al farsi para el resto de los presentes.

—Señor Baumann, ¿sabe usted de qué le han acusado? —me preguntó David Steiner.

—No señor —respondí—, no tengo ni idea—. Aunque no se me había notificado ninguna acusación formal, me di cuenta de que sospechaban que trabajaba para la CIA, lo cual podría acarrear graves consecuencias. Pero ni siquiera me atreví a mencionarlo en esta conversación.

—¿Ni idea? —repitió levantando las cejas y lanzando una mirada severa al señor Akram— ¿Y cómo le han tratado aquí?

El corazón me dio un vuelco. ¿Debía desafiar al señor Akram e informar al encargado de negocios de los golpes e interrogatorios? ¿Me ayudaría o me perjudicaría? No lo sabía, pero recordé que me había comprometido a decir la verdad a las autoridades iraníes. Mientras oraba en silencio para pedir sabiduría, se me ocurrió que debía aplicar la misma norma para relacionarme con las autoridades suizas. Respiré hondo y evité deliberadamente mirar en dirección al señor Akram.

—Se me ha sometido a muchas horas de interrogatorio —dije—, y algunas no fueron buenas. A veces he sido golpeado y abofeteado por mis interrogadores.

Las canosas patillas del señor Steiner se movieron con inquietud y sus cejas se levantaron al oír mis palabras. También noté que el señor Akram cambiaba nerviosamente de posición en su silla.

El encargado de negocios me hizo más preguntas acerca de los interrogatorios y no me callé nada. Fue un alivio contar a alguien que se interesaba todo lo que había tenido que soportar en las últimas semanas. Era como si me hubiera desprendido de una gran carga.

Un poco después le pregunté por mis padres.

—¿Están en contacto con mis padres?

—Por supuesto —dijo David Steiner—, se preocupan mucho por usted, y nos mantenemos en estrecho contacto. Me pidieron que le dijera que muchas personas están orando por usted.

Le di las gracias.

—¿Le puedo preguntar cuál es la postura oficial de la embajada acerca de mi encarcelamiento?

El encargado de negocios y el funcionario consular se enderezaron.

—Le puedo asegurar, señor Baumann que puede contar con el compromiso total del gobierno suizo para sacarle de la cárcel. No se nos ha dado ninguna explicación del motivo por el que usted se encuentra aquí. Desde nuestro punto de vista, usted ha sido detenido ilegalmente. Estamos muy molestos con el gobierno iraní por haberle detenido. Y para subrayar su postura, miró al señor Akram fijamente a los ojos y repitió: «Estamos *muy molestos* con el gobierno iraní por haberle detenido».

—Gracias —le dije, aliviado de que hubieran tomado, sin resquicios, partido por mí causa.

—¿Le han permitido hacer alguna llamada telefónica? —en esta ocasión la pregunta procedió de Walter Graff.

—No —respondí—. No se me ha permitido telefonear a nadie desde que estoy aquí.

—Bueno, eso es una violación de sus derechos —interpuso—. Deberían habérselo permitido. Tiene derecho a una llamada de diez minutos cada dos semanas.

Luego, volviéndose hacia el señor Akram añadió:

—Espero que se me informe cuando el señor Baumann haya hecho su llamada telefónica.

Walter Graff se ajustó sus gafas de concha y me preguntó:

—¿Le dejan salir al aire libre una hora por semana?

—No. La única vez que salgo es cuando me llevan a alguna parte, y una vez por semana me conceden diez minutos en un cuarto de fregonas que no tiene techo, tan sólo una rejilla metálica a través de la que se puede ver el cielo.

—Esto también tiene que ser corregido —dijo Walter Graff una vez más, con mordacidad, mirando al señor Akram.

David Steiner retomó entonces las preguntas.

—¿Decidió usted que no le visitáramos hasta ahora? —me preguntó.

Yo me reí con incredulidad.

—¡Me habría encantado verles el primer día que estuve aquí! —exclamé—. Desgraciadamente, no sabía que tal visita me estaba permitida.

La voz del encargado de negocios se tornó más grave.

—Es un requisito informar a todos los prisioneros acerca del derecho que les asiste de ver a un funcionario de su embajada en los dos días siguientes a su detención —se volvió hacia el señor Akram y le preguntó—. ¿No informaron al señor Baumann del derecho que le asistía de contactar con su embajada?

—Él no pidió verles a ustedes —repuso débilmente mi interrogador.

—Bueno, no sabía que podía pedirlo. ¡Claro que quería vernos!

El señor Akram se encogió de hombros.

—¿Cómo iba a saberlo yo? Él nunca lo pidió.

El encargado de negocios me hizo más preguntas acerca de mi experiencia en la cárcel: ¿Tenía acceso a un médico? ¿Comía lo suficiente? ¿Podía dormir bien?

Respondí a todas sus preguntas lo mejor que pude y después de un rato los funcionarios iraníes comenzaron a meter papeles en sus bolsas y a mirarse unos a otros. Yo sabía que la reunión tocaba a su fin.

Pero los funcionarios suizos recibieron el mensaje.

—Antes de marcharnos, tengo algunas cosas para usted. Sus padres nos pidieron que le trajéramos una Biblia. No resultó fácil encontrar una en inglés, pero nos las hemos arreglado —dijo David Steiner— entregándome una Biblia de los Gedeones, la misma que se distribuye en miles de habitaciones de hotel por todos los Estados Unidos.

—Gracias —le dije—. Aprecio mucho que se hayan ocupado de esto.

Walter Graff se puso de pie, recogió una bolsa grande de papel que había debajo de la mesa y me la pasó.

—Aquí hay algunos artículos que puede necesitar y también algo de dinero —dijo.

Cuando tomé la bolsa, David Steiner me miró a los ojos.

—Dan —dijo, usando mi nombre de pila por primera vez—, estamos trabajando intensamente en su caso. Estamos en contacto con ciertos elementos del gobierno iraní, tanto dentro como fuera de Irán, todos los días. Mi personal está comprometido a sacarle de aquí. No se rinda. Nos volveremos a ver pronto.

Inmediatamente después se levantaron todos los presentes en la sala. Estreché las manos de mis dos nuevos amigos suizos. La reunión arrojó un rayo de esperanza sobre todo lo que había tenido que sufrir y me sentí abrumado por la sensación de alivio que me embargó en ese preciso instante. Si hubieran sido estadounidenses probablemente les hubiera abrazado, pero sabía, por la familia de mi padre, que los suizos son mucho más reservados y no quise ofender ni avergonzar a ninguno de los dos.

—Muy bien, señor Baumann, acompáñeme —dijo el señor Akram en un tono de voz suave que no pude interpretar.

Me preocupaba un poco lo que ahora me pudiera acontecer. Yo había hablado deliberadamente de todo lo que el señor Akram me había prohibido hablar. ¿Cuáles serían las consecuencias de una desobediencia tan flagrante?

Eché un último vistazo a los dos hombres suizos cuando franqueaban la puerta.

Cuando regresábamos al edificio principal de la cárcel, el señor Akram se volvió hacia mí.

—No siguió mis instrucciones —dijo lisa y llanamente.

No sabía cómo responderle. Ciertamente no quería decir algo que desatara la tensión.

—Tenía que responder sus preguntas honestamente —dije, después de dar unos cuantos pasos—. No tenía otro remedio.

Mi interrogador me miró a la cara.

—No importa —dijo con aire casual—. Lo hecho, hecho está.

Noté en sus ojos oscuros lo que quiso decir. Su hosca expresión no parecía albergar malicia contra mí. Yo me reí en voz audible. Aquello representaba un gran juego para él; se mostraba indulgente aunque había perdido un asalto. Me pregunté que me habría sucedido si hubiera cedido a sus intimidaciones y amenazas y me hubiera callado, o peor aún, mentido en la entrevista. ¿Me habría mostrado el mismo respeto si hubiera hecho lo que él quería?

Mientras íbamos caminando, el señor Akram prosiguió la conversación. Señaló el edificio principal.

—¿Sabe usted quién fundó y ayudó a construir todo esto? —me preguntó.

—No —respondí.

—Los israelíes. ¿Y sabe usted quiénes les ayudaron?

—No —volví a responder.

—¡El gobierno de los Estados Unidos de América! —dijo con voz triunfante— ¡Qué bien!, ¿eh?

Fue una conversación extraña, casi como si fuéramos dos amigos caminando por un lugar turístico y no un interrogador que condujera a un preso a su celda.

Caminamos un poco más y, de pronto, el señor Akram se detuvo un instante y me miró.

—¿Hay algo que pueda hacer por usted? —preguntó sin dar indicio de mofa en su voz.

Yo sentí que su ofrecimiento era sincero, por lo que le respondí:

—Sí. Puede conseguirme otra celda. No me gusta estar tan cerca de los guardias. Se pasan toda la noche hablando.

—Muy bien. Lo arreglaremos —dijo de forma realista.

Reanudamos la marcha y llegamos a la entrada del edificio principal. Me puse la venda instintivamente y fui conducido por los pasillos hasta mi celda.

El señor Akram me escoltó hasta el interior de la celda y rebuscó en la bolsa de artículos que había recibido de las autoridades suizas. Entresacó una cuchilla.

—No se le permite tener esto —dijo con aire de disculpa—. Buenas tardes, señor Baumann.

Me quedé largo rato mirando la bolsa de regalos en el suelo antes de sentarme con las piernas cruzadas a examinar su contenido. Fui sacando cada cosa deliberadamente despacio, como de costumbre. Quería alargar el momento. Tres barras de chocolate suizo Frigor, un frasco de jabón de afeitar, tres revistas de National Geographic, una bolsa que contenía diez manzanas rojas brillantes y la Biblia de los Gedeones. Impresionaba un poco. Apenas podía asumir las nuevas opciones que ahora tenía a mi disposición. Podía comerme toda una barra de chocolate de una sentada o un pedacito por vez y conseguir alargarlo varios días. Y podía hacer lo mismo con las manzanas. Y además de decidir cuán deprisa o cuán despacio deseaba comerme el chocolate y las manzanas, también debía decidir qué hacer con las envolturas. Me inclinaba por enrollar el papel estaño en pequeñas canicas para que los Beasleys y los Fat Fours pudieran celebrar más torneos de bolos, por no mencionar los juegos de las pulgas con las semillas de las manzanas. Resolví que la ocasión bien merecía ser celebrada con un trozo de chocolate.

Aquella misma noche se presentó un guardia a la puerta de mi celda.

—Recoja sus cosas —dijo—. Está de mudanza.

Arrojé apresuradamente mis cosas en la bolsa de papel y me puse la venda. Con la bolsa firmemente sujeta bajo el brazo, fui conducido por un pasillo antes de doblar a la izquierda. La puerta de una celda chirrió y entonces pude quitarme la venda.

En menos de cinco minutos me había mudado de «casa» con todas mis posesiones. La nueva celda tenía la misma disposición que la anterior. No obstante, la alfombra estaba más raída y manchada. Fui optimista y tiré de la cadena, pero no funcionaba mejor que la que acababa de dejar atrás.

Saqué mis cosas de la bolsa una por una y las dispuse exactamente igual que en la antigua celda. Apenas había acabado cuando unas estruendosas risotadas resonaron a través de la pared del radiador de la calefacción. Escuché atentamente y primero dos, después tres y luego cuatro personas irrumpieron en una animada conversación. Pero no era una conversación de presos y no reconocí a ninguno de los guardias que hablaban. Finalmente llegué a la conclusión de que la celda estaba ubicada junto a una especie de salón social de mullahs, cuya tarea oficial consistía en hacer mejores musulmanes de los muy infortunados presos de la cárcel Evin.

Esperé que el ruido cediera, pero las voces no cesaron en toda la noche. Cuando el carro del desayuno llegó a las siete, me lamenté de haber solicitado al señor Akram otra celda. No pude evitar la sospecha de que me hubiera proporcionado adrede una celda más ruidosa. Decidí averiguar cuán sincero había sido conmigo cuando me dijo que quería ayudarme. Después del desayuno pedí al guardia que transmitiera al señor Akram el mensaje de que deseaba ser transferido a otra celda apartada de la murmuración de vociferadores guardias y conversadores mullahs.

El guardia debió transmitir mi mensaje, ya que aquella misma noche volví a ser trasladado a otra celda del mismo pasillo. Aún podía oír a los guardias, pero no más la conversación de los mullahs. Agradecí el traslado, pero decidí no correr más riesgos. Por lo que a mí concernía, esta última celda me serviría de nuevo hogar.

En los días que siguieron di muchas gracias a Dios por la oportunidad de entrevistarme con las autoridades suizas. Cada vez que pensaba en ello, me derramaba expresando aprecio y emoción. Aunque no había durado más de media hora, me había causado un profundo efecto. Por primera vez desde que había sido arrestado, sabía

a ciencia cierta que no había sido olvidado. Ese conocimiento elevó
mi espíritu considerablemente. Había gente fuera que se preocupaba
de mí y se esforzaba por ayudarme. Ahora también sabía que tenía
algunos derechos. Tenía derecho a una llamada telefónica cada diez
días y a respirar aire fresco una vez por semana. Y lo que era más
importante, tenía la esperanza de conocer en breve de qué se me
acusaba formalmente y de que mi caso progresara hasta el punto de
poder probar mi inocencia.

Tres días después, en mi sexta semana de cautiverio, llegaron a mi
celda dos documentos. Uno de ellos llevaba el sello oficial del embajador de Suiza y el otro el de la Sección de Intereses Estadounidenses
en Irán. Junto al primer documento había una nota que decía: «Señor
Baumann, le adjunto dos hojas. Escriba, por favor, en ellas su nombre,
nacionalidad, la razón por la que vino a Irán y una breve declaración
que atestigüe que usted no es un espía. Firme los documentos y entré-
gueselos al guardia. Saludos. Señor Johan Meier, embajador».

El guardia se quedó de pie junto a mí, instándome a darme prisa.
En dos minutos, garabateé la información solicitada y el guardia se
llevó los documentos.

A medida que la sexta semana de mi cautiverio tocaba a su fin,
me senté en el suelo a leer una de las novelas que me habían proporcionado los guardias iraníes. Me habían acercado un total de diez
libros. Comencé leyendo *Raíces,* pero la deseché por la desesperanza que traspiraban sus páginas. Luego leí *Hueso quebrado,* de Dick
Francis, una historia de un domador de caballos. Y ahora estaba leyendo un tercer libro titulado *Un féretro de Hong Kong.* Aunque la
lectura ayudaba a pasar el tiempo, también podía causar desaliento.
Me zambullía tanto en el relato que me olvidaba por completo que
estaba sentado en la celda de una cárcel de Irán.

Desgraciadamente, cada vez que hacía una pausa, la deprimente
realidad de mi lúgubre alrededor se precipitaba sobre mí.

Mientras leía, la celda se quedó de pronto en tinieblas. En vez de llamar al guardia, decidí disfrutar de la oscuridad, esperar a que él se aso-
mara a mi celda en la próxima ronda y descubriera que no tenía luz.

Cuando el guardia llegó y descubrió que la celda estaba a oscuras, se puso muy nervioso.

—Hay que arreglarla arriba —me gritó desde la mirilla.

Unos diez minutos después oí un chirrido encima de mi cabeza y comprendí lo que quiso decir. Al parecer, se podía acceder a la lámpara desde un pequeño hueco por encima del techo, para eliminar la necesidad de entrar en la celda a arreglarla. Me maravillé de la ingenuidad de los israelíes y los estadounidenses que habían proyectado y construido la cárcel. Sólo deseé que no fuera usada para albergar a ninguno de sus ciudadanos.

La bombilla fue reemplazada y cuando me disponía a reanudar la lectura oí una pequeña explosión. La celda volvió a quedar sumida en la oscuridad. Esta vez esperé como una hora hasta que el guardia se enteró de que estaba otra vez sin luz. Oí crujientes pisadas acercarse rápidamente y de súbito dos guardias irrumpieron en la celda. Sus rostros estallaban de ira.

—Sabemos lo que está haciendo —gritó el guardia con un diente partido.

—Yo no he hecho nada —repliqué. Empecé a temblar, ya que los dos hombres estaban muy agitados.

—No nos vengas con mentiras —gritó el otro guardia—. Sabemos que estás tirando agua a la bombilla para apagarla.

—No es verdad —dije, ocultando mis temblorosas manos en la espalda—. ¿Por qué iba a hacer una cosa tan estúpida?

—Claro que lo has hecho —gritó el guardia del diente partido—. Sé lo que pasa en esta celda. Y ahora póngase de pie y ponga sus manos contra la pared.

Hice como se me dijo e intenté mostrarme tranquilo e inocente por fuera, pero en mi interior temblaba y dudaba de lo que aquellos airados hombres podrían llevar a cabo. Llevaba el suficiente tiempo en la cárcel como para saber que si ellos decían que había lanzado agua a la bombilla, entonces eso llegaría a imponerse como «verdad», no importaba que yo protestara mi inocencia.

Después de más gritería, golpes y empujones, en un intento por hacerme «confesar», los guardias se marcharon y otra vez la lámpara fue extraída por el techo y cambiada la bombilla. Cuando la lámpara bajó a su sitio, oré fervorosamente para que no volviera a fundirse. Afortunadamente no se fundió.

DIECISÉIS

Una conversación inesperada

Aunque intentaba dormir por la noche, las voces de los guardias bombardeaban a todas horas la celda. A eso de las 9 de la noche del 20 de febrero, tres o cuatro guardias entablaron una animada conversación. No pude oír todo lo que decían, pero sí lo suficiente como para saber que hablaban de la llamada telefónica que yo tenía derecho a hacer. Cada cual se justificaba asegurando que él no era la persona más indicada para llevarme al teléfono y supervisar mi llamada. Todos esgrimían una buena razón para no hacerlo. Presté atención y resultaba evidente que alguien había autorizado mis llamadas, pero los guardias estaban demasiado asustados como para cumplir la orden, no fuera que yo dijese algo que no podía comentar por teléfono.

La conversación duró más o menos una hora. A veces de forma tranquila, otra con gritería y acaloradas discusiones. En medio de esa atmósfera, yo esperaba ansiosamente que alguien se atreviera a ejecutar la tarea, pero ninguno lo hizo. Finalmente, el turno de los guardias tocó a su fin y con él mi esperanza de que se me permitiera hacer mi llamada telefónica legalmente autorizada.

No obstante, al día siguiente sucedió algo positivo. Estaba sentado en el suelo jugando una competición de «letras» entre los Beasleys y los Fat Fours. Lo único que precisaba para jugar este juego era una frase. Recurrí a las revistas del *National Geographic*. Los dos equipos tenían que adivinar qué letra, aparte de la «e», abundaba más en un texto dado. Después contaba las letras que los Beasleys y los Fat Fours habían escogido para obtener la frecuencia de cada una de ellas. El equipo que adivinaba la letra más recurrente en cada frase ganaba un punto. Hacían falta tres puntos para ganar un juego y siete juegos para ganar un partido.

Los Fat Fours acababan de ganar su tercer punto cuando se abrió la puerta.

—Es hora de salir —dijo un guardia—. Vamos.

Después del fracaso de la llamada telefónica, lo último que esperaba es que me dejaran respirar aire puro. Me di prisa en levantarme, ponerme la venda y salir de la celda. Fui escoltado por el pasillo, un tramo de peldaños y otro pasillo hasta una puerta de madera. Cuando el guardia abrió la puerta me quité la venda y me llevé un chasco al comprobar que era el mismo cuarto de fregonas.

—Entre —me ordenó el guardia.

Obedecí inmediatamente.

—Dispone de una hora. Le esperaré fuera —gruñó y cerró la puerta con llave.

La ira se adueñó de mí. Yo había deseado realmente disfrutar de una hora al aire libre para poder estirar las piernas y caminar más de cuatro pasos en cada dirección. La mera prolongación del tiempo permitido dentro de aquel cuarto no era lo que yo había previsto. No obstante, me calmó el ver las nubes navegar por una estrecha franja de cielo. Cuanto más lo examinaba, más me maravillaba de su vastedad y de la grandeza de su Creador. Antes de darme cuenta, el tiempo se había consumido; el guardia abrió la puerta y me indicó que saliera.

De vuelta en la celda, me senté por largo rato a meditar en la belleza del cielo. Cuando llevaba un par de horas sentado, oí que dos guardias discutían en el pasillo. Me esforcé por oír lo que decían.

—Lo vi esta mañana. ¡El extranjero rasgó el libro santo! —exclamó uno de los guardias.

Apreté los dientes. Era la misma discusión que había oído antes. Por alguna razón, los guardias estaban obsesionados con la idea de que yo había roto una Biblia que tenía en mi poder, aun cuando los responsables me la habían entregado así. Supongo que la habían rasgado en algún momento después de quitársela a Glenn y entregármela a mí. Me dieron ganas de meter la boca debajo de la puerta y gritar «No sean necios, ya estaba rota cuando me fue entregada», pero sabía que con eso no conseguiría sino echar más leña al fuego y probablemente me propinarían una severa paliza.

—Le caerán otros cuatro meses por esa falta —dijo el guardia—. Es preocupante su falta de respeto por lo sagrado.

El otro guardia se echó a reír.

—¡Que va! —exclamó— Le queda un mes. Ése es el tiempo que siempre les cae a los extranjeros.

—No a los extranjeros que mancillan libros sagrados —repuso el otro guardia.

Al oír el razonamiento de los guardias, procuré mantener la calma, pero lo de la falta de respeto se me quedó grabado. Aquel hombre estaba seguro que yo había ofendido a un mullah por un simple error. Si llegaban a condenarme, me caerían otros cuatro meses de condena por algo que yo no había hecho. No sabía por qué me preocupaba este extremo. ¡Ya estaba en la cárcel por algo que no había cometido!

Recorrí indefinidamente el suelo de la celda, cuatro pasos por vez. Sentí que Dios me hablaba al corazón: «Escucha al segundo hombre —me aconsejó—; él es quien dice la verdad.

En seguida volví a hacer caso de la conversación, y presté atención a lo que decía el segundo guardia, a quien llamé mi «ángel de la guarda».

—Es el patrón que siempre siguen —dijo—. Y si no, tiempo al tiempo. El estadounidense saldrá en un mes.

Yo intenté recordar cada palabra que decía el segundo guardia. Mucho después de acabar su conversación y hasta bien entrada la noche, repetí mentalmente sus comentarios y rogué a Dios que le hubiera oído correctamente y que su predicción de mi liberación en un mes fuera verdad.

A la noche siguiente, cuatro guardias se congregaron en el mismo sitio y se pusieron a hablar otra vez de mí. Yo escuché la conversación; parecía tranquila y ordenada. No oí las acostumbradas burlas que ocasionaba la mención de mi nombre.

—¿Por qué creen que vino a Irán? —preguntó uno de los guardias— Éste es un lugar muy peligroso para un estadounidense.

Yo había oído hablar muchas veces de este tema. En la cultura iraní se discute un tema hasta que se exploran todos sus matices posibles. Pero esta noche escuché con redoblado interés. Sentía en lo más hondo que iba a suceder algo especial.

Oí que el «Ángel» de la noche anterior declaraba:

—Él es cristiano y yo sé lo que piensan los cristianos.

—¿En serio? —dijo otro de los guardias, sorprendido.

—Sí —dijo mi Ángel—. Cuando se produjo la caída del Shah de Persia, conocí a algunos cristianos encarcelados aquí en Evin. Ellos me hablaron de su religión.

—¿De qué se trata? —preguntó otro.

—Bueno, creen que Jesucristo es el único Hijo de Dios y que vino a la tierra para enseñar a la humanidad lo mucho que Dios nos ama —yo apenas podía creer lo que oía: oír hablar del cristianismo y de las proclamas de Jesucristo en lo más profundo de una prisión de Irán, famosa por su grado de seguridad, era todo un milagro. Escuché ávidamente mientras el Ángel relataba el nacimiento de Jesús, el mensaje de arrepentimiento que Él había predicado, e incluso su muerte en la cruz para salvar a la humanidad de sus pecados. Cada vez que hacía una pausa, un compañero le hacía una pregunta crucial.

Cuando el Ángel hubo acabado de ofrecer un resumen muy preciso del mensaje del Nuevo Testamento, uno de los guardias cuestionó:

—¿Quieres decir que los cristianos creen en un Dios de amor?

—Sí —dijo el Ángel—. Eso creen.

—Bueno —repuso el otro guardia— ¿Cómo puede ser? Nosotros no sabemos que exista un Dios de amor. Sólo sabemos de un Dios de fuerza y control. Esto es lo que hemos experimentado en el Islam.

Los demás se mostraron de acuerdo. Y entonces, uno de ellos dijo:

—Pero veo que hay un problema: ¿Cómo pueden creer que Dios sea uno si Jesucristo es el Hijo de Dios y también Dios? Eso es creer en dos Dioses, no en uno.

Yo escuché atentamente para ver cómo el Ángel respondía a esta objeción, ya que es una de las piedras clave sobre la que suelen tropezar los musulmanes cuando intentan comprender el cristianismo.

Hubo silencio por un momento. Luego, en un tono de voz confiado, el Ángel añadió:

—Los cristianos creen verdaderamente que Dios es un Dios de amor, pero ¿cómo podría ser un Dios de amor si sólo hubiera uno? El amor es una relación y debe existir entre personas. Ellos creen que antes del principio de los tiempos existía Dios, pero ¿cómo podía ese Dios expresar su amor si no tenía nadie a quien amar? De manera que Dios es en tres partes para poder demostrar amor.

Cuanto más duraba aquella conversación, más asombro me causaba. Recordé haber oído contar a un amigo que muchos obispos anglicanos habían sido encarcelados en Evin durante la revolución de 1978-79. Era notable el hecho de que yo estuviera allí, oyendo hablar a un hombre que recordaba con todo detalle lo que aquellos cristianos le habían declarado acerca de su fe hacía casi veinte años. El plan y el propósito de Dios empezaba a serme revelado, y no pude menos que maravillarme de cómo Él había orquestado todas las cosas.

No pude evitar evocar las palabras de Pablo en 1 Corintios 3:6: «Yo sembré, Apolos regó, pero Dios ha dado el crecimiento». Yo sabía que mi cautiverio en Evin y mi sinceridad a la hora de declarar mis creencias habían producido una conmoción en la cárcel. Pero era un impacto sobreedificado sobre el testimonio de todos los cristianos que me habían precedido en este lugar. Empecé a orar con fervor que Dios atrajera a algunos de estos guardias a su conocimiento como resultado de nuestro testimonio conjunto.

Por dos semanas se sucedieron sustanciosas conversaciones entre los guardias acerca del cristianismo y yo las escuché todas. El Ángel siempre tomaba la iniciativa y contaba a los otros lo que creen los cristianos, en tanto que los demás le planteaban preguntas.

Una noche oí que el Ángel decía:

—Este extranjero me ha impresionado profundamente. Ha venido aquí con un motivo y un propósito y sabe que ello le puede costar la vida. ¿Estaríamos nosotros dispuestos a ir al extranjero para hablar a otros de nuestro Dios? ¿Qué les diríamos? Este tipo tiene una razón para vivir y una razón para morir. ¿Qué tenemos nosotros?

—Resulta extraño —concedió uno de los guardias—, a veces me quedo cerca de su celda y le oigo orar por nosotros. Nosotros podríamos haberle matado. ¿Hace todo esto por amor? Nosotros ignoramos por completo a ese Dios de amor, pero parece muy lógico.

De pronto el Ángel dijo en voz queda:

—Yo quiero ser cristiano.

—Yo también —dijo una segunda voz—. Y conozco a otro que piensa lo mismo que nosotros.

—Y no me importa lo que digan —prosiguió el Ángel—. Me he enterado de que hay una iglesia cristiana en la ciudad. Voy a averiguar dónde está —su voz denotaba una firme resolución.

—Bueno, yo no estoy seguro de querer llegar tan lejos —dijo el segundo guardia—. Una cosa es ser cristiano de corazón y otra bien distinta es contárselo a todo el mundo. Uno ya sabe lo que le puede pasar si desafía al Islam.

—Sí —concedió el Ángel—, pero a mí no me importa quién lo sepa o lo que me pueda pasar. Yo quiero conocer a ese Dios de amor.

Yo me quedé sentado, absolutamente maravillado y asombrado.

—Señor, ¿Es ésta la razón de que hayas permitido que yo esté aquí? —le pregunté en silencio.

En los días que siguieron oré asiduamente por el Ángel y por los otros dos guardias para que adoptaran la difícil decisión de hacerse cristianos en un país musulmán.

La decisión de los guardias supuso para mí una gran luz en medio de una existencia oscura. Nada nuevo parecía deparar mi caso. No recibí nuevas visitas de las autoridades suizas, y aparte de la ducha semanal y de la visita al cuarto de las fregonas, la vida se hizo extremadamente monótona

El 2 de marzo, en mi séptima semana de cautiverio, me volvieron a llevar al juzgado, pero incluso esto resultó decepcionante. Tuve que esperar cinco horas para entrar en la sala del tribunal.

El juez me preguntó si deseaba que el gobierno iraní me facilitara un abogado de oficio para defender mi causa. No supe qué responderle. Por supuesto, me hubiera gustado contar con un *buen* abogado defensor que llevara mi caso. Pero antes me hubiera gustado saber de qué se me acusaba. Sabía cuáles eran sus sospechas, y cuánto me asustaban, pero la incertidumbre y la ausencia de procedimiento legal acrecentaban mi preocupación. Tenía grandes reservas, sin embargo, en cuanto a acceder a ser representado por un abogado iraní. Indudablemente, él tomaría partido por el gobierno. ¿Cómo iba a prestarme la mejor ayuda posible? ¿Cómo iba a querer ayudarme? Puede que hasta defendiera al gobierno en su proceso contra mí. Yo no quería aceptar un abogado que pudiera perjudicar mi caso. Tampoco quería ponerme de acuerdo con un abogado que diera a mi caso una especie de legitimidad. Sólo reforzaría los falsos cargos que ellos tenían contra mí. Lo que realmente quería es pedir consejo al encargado de negocios de la embajada de Suiza, pero esta petición me fue denegada.

Después de permanecer veinte minutos sentado en el tribunal, mientras el juez procedía a ejecutar otras tareas, resolví que no tenía otra opción. Acepté titubeante a un abogado defensor de oficio. Poco después subí al microbús que me transportó a Evin. Durante el viaje reflexioné en el compromiso adquirido, ya que podía arrastrar graves consecuencias. Pensé que probablemente había hecho lo que debía, pero no estaba seguro.

Aquella misma noche, los guardias se pusieron a charlar al fondo del pasillo cuando el jefe de turno entró en escena. Yo conocía su voz porque había hablado con él un par de veces. Era mayor que los otros guardias, pero siempre tenía aspecto desaliñado y descuidado, lo cual sorprendía, debido a su posición.

—Ese estadounidense fue al juzgado hoy —dijo el jefe.

—¿De veras? —repuso otro guardia— ¿Qué pasó?

—No gran cosa —dijo el jefe—, pero le van a condenar a once meses.

Yo oí al Ángel reírse entre dientes.

—Claro que no —aseguró—. Saldrá de aquí en un mes. Es el tiempo límite que retienen a los presos extranjeros.

—¿Sugieres que estoy equivocado? —interpuso el jefe en un tono de voz desagradable.

Aunque no pudiera ver sus caras, noté que la tensión iba en aumento.

Discutieron acerca de mi destino por unos minutos y a continuación el jefe estalló:

—¡No!, ¡no! —gritó— Yo soy el encargado aquí y estoy harto y cansado de tener un cristiano en la cárcel. Tiene que salir de aquí. Me lo voy a llevar a otra parte.

—Tranquilícese. No hace daño a nadie —dijo el Ángel.

El jefe de los guardias se agitó aún más.

—No voy a permitir que salga de la cárcel —dijo—. Va a quedarse aquí hasta que se pudra. No va a volver al juzgado. No va a ir a ninguna parte. Es un criminal cristiano y nosotros somos musulmanes. Bajo la ley islámica tengo derecho a matarlo.

El terror se apoderó de mí. Este hombre hablaba muy en serio y temí por mi vida.

Oí que el Ángel intentaba calmarle.

Finalmente, después de varios minutos de delirio, el jefe de turno se alejó en dirección opuesta, mascullando entre dientes.

Esperé en tensión todo el día siguiente para ver si el jefe cumplía su amenaza. Nada sucedió. Aquella noche, el jefe volvió a hablar con los guardias acerca de mi persona, al fondo del pasillo. Estaba más agitado que la noche anterior. Afortunadamente, los otros guardias consiguieron pacificarle un poco y una vez más se alejó disgustado. No me podía quedar dormido fácilmente, por lo que no cesé de dar vueltas, pensando en lo que me podía suceder la próxima vez que el jefe se acercara, si los otros guardias no conseguían calmarle.

El jefe regresó como a las tres de la madrugada. Le oí vociferar:

—No y no, voy a matarle ahora mismo.

Yo escuché aterrado que el jefe se dirigía a una oficina de seguridad cercana y abría un cajón. Entonces el Ángel le gritó:

—¡No!, ¡no! Póngala en su sitio. No lo haga. No le mate. ¿Sabe lo que le acontecerá si lo hace?

—Es un hombre muerto —gritó el jefe—. No me importa lo que me pueda pasar. ¡Muerte a todos los cristianos!

Intenté buscar un lugar donde esconderme en la celda, pero no lo había. «Señor —oré frenéticamente—, envía tu Espíritu Santo para calmar esta escena antes que sea demasiado tarde».

Oí la suave voz del Ángel hablar en el pasillo.

—Escúcheme. Es un buen hombre.

—Ja —escupió el jefe—. Es cristiano.

—Sí, lo es —accedió el Ángel—, pero conoce a Dios. Me pondré delante de su puerta y para matarle a él tendrá que matarme antes a mí.

Yo me quedé paralizado, esperando el desenlace. ¿Se volvería el jefe atrás? ¿Oiría yo disparos de pistola? Los segundos parecieron congelarse en el tiempo y prolongarse hacia la eternidad.

Gracias a Dios, el Ángel siguió hablando y yo oré para que Dios interviniera y salvara mi vida. De alguna manera, el Ángel consiguió razonar con el hombre. Después de veinte minutos, oí que el cajón se abría y que depositaban algo dentro. Supongo que era una pistola. Por aquella noche me había escapado de la muerte, aunque temía que ocurriese al día siguiente.

Efectivamente, al día siguiente por la noche los guardias se reunieron al fondo del pasillo a charlar y, una vez más, el jefe se acercó. Esta vez, otro guardia habló primero.

—¿Qué está pasando? —preguntó al jefe directamente.

—¿Qué quiere decir? —replicó el jefe.

—Bueno —siguió diciendo el guardia—, todo va bien durante el día. Usted no parece preocuparse por el extranjero. Pero por la noche se excita por causa de él y desea matarle.

—No sé lo que sucede, pero no soy yo —repuso el jefe.

—¿Qué quiere decir con no soy yo? —inquirió el Ángel.

—Bueno —dijo el jefe—, todas las noches a eso de las diez o las once parece que entra en mí una fuerza maligna. Se apodera de mí y me hace hacer cosas. Se me mete en la cabeza. Sé que es algo que tiene que ver con los demonios.

—¿Qué motivo tiene para decir eso? —preguntó otro guardia.

El jefe dejó escapar un largo suspiro.

Tuve un encuentro con el poder demoníaco cuando aún era muy joven. Consentí que esas fuerzas entraran en mi vida y me dieran poder —no en todo momento, sino algunas veces—. Cuando este extranjero llegó a la cárcel, sentí que un demonio fuerte me decía: «Yo quiero habitar dentro de ti porque hay alguien en la cárcel que quiero destruir».

Apenas podía creer lo que estaba oyendo. Yo sabía que muchos musulmanes creen sin sombra de duda en Satanás y en su actividad demoníaca. Para colmo, el jefe no sólo creía en los demonios, sino que colaboraba también con ellos. «¡Señor! —exclamé—, protégeme de este hombre que tiene mi vida en sus manos.

—Lo entiendo —dijo el Ángel al jefe—. Entonces, no es usted el que se excita por la noche.

—No —concedió el jefe—. Es esta fuerza de oscuridad que intenta controlarme cada vez más.

—¿Por qué no se deshace de ella? —le preguntó el Ángel.

—Tengo miedo, miedo de que si le niego el acceso a este espíritu, se vuelva contra mí y me mate —dijo el jefe.

Después de proferir estas palabras, oí que unos pasos se alejaban de mi celda y supe que podía sentirme seguro una noche más. Aunque estaba temblando, me senté a dar las gracias a Dios por su protección y por cómo había usado al Ángel.

El día siguiente transcurrió sin novedad. Pasé la mayor parte del tiempo leyendo la Biblia, meditando y pensando en lo que me podía ocurrir aquella noche. La carta que Pablo escribió a los filipenses mientras se hallaba en prisión cobró vida para mí mientras consideraba mi suerte. En el capítulo tres de Filipenses, versículo ocho, Pablo escribió: «Todo lo considero pérdida por razón del incomparable valor de conocer a Cristo Jesús, mi Señor. Por él lo he perdido todo, y lo tengo por estiércol, a fin de ganar a Cristo».

«¡Increíble! —me dije a mí mismo—. Yo no soy Pablo, pero quiero ser como él. Quiero tener la paz y la tranquilidad de Dios en medio de cualquier circunstancia: Quiero tenerlo todo —incluso un jefe de turno que desee matarme— como basura por el gozo y privilegio de conocer a Cristo».

Como a la una de la madrugada tuve oportunidad de poner a prueba mi decisión. El jefe volvió y se puso a desvariar y delirar otra vez acerca de que quería matarme. Yo ya empezaba a sentir que la desesperación se apoderaba de mí cuando oí la voz del Ángel hablar claramente.

—Jesús —dijo—, Jesús. En el nombre de Jesús sal fuera —en alguna parte, él debía haber oído acerca del poder del nombre de Jesús.

Súbitamente, oí al jefe dar un grito espeluznante y después todo quedó en silencio. El jefe se alejó. Otras dos veces volvió aquella la noche dispuesto a matarme. Las dos veces oí al Ángel confesar el nombre de Jesús y entonces el jefe se tranquilizó.

Las dos noches siguientes, el mismo incidente sucedió otras siete u ocho veces.

En la cuarta noche, el jefe llegó y confesó a los guardias:

—Está bien. Ya pasó todo. Se ha ido.

Después añadió cosas asombrosas:

—Lo siento —dijo a los guardias—. No sé lo que me pasó, pero he vuelto a ser yo mismo. Yo no odio al extranjero. Nunca le odié. Es más, le quiero y quiero ayudarle.

—¿De verdad? —dijo uno de los guardias.

—Sí —dijo enfáticamente—. Si alguno llega a molestar al extranjero tendrá que habérselas conmigo. Si tiene que quedarse mucho tiempo, yo cuidaré de él.

Yo me quedé anonadado por la declaración del jefe. ¡Dios había hecho mucho más de lo que mi débil fe creía posible!

El jefe cumplió su palabra y la vida en la cárcel se hizo mucho más llevadera para mí. Cuando los guardias se acercaban a controlarme, sonreían y me preguntaban qué tal estaba. Algunos incluso me gastaban alguna broma.

El alivio de la tensión fue evidente. Produjo un efecto inmediato en mi aspecto exterior y en mi salud. Empecé a dormir mejor y más relajadamente por la noche y por primera vez comencé a pensar en mi futuro en la cárcel. Me dije a mí mismo que quizá un día saldría de la reclusión aislada y me permitirían ocupar una celda en grupo. Así podría hacer amigos y hablar con otros presos. Algo podrían hacer para permitirme llamar a casa e incluso recibir correo de mi familia y amigos. ¡Cuántas posibilidades se abrían delante mío! Ahora que había experimentado a Dios obrar para bien a través de mi cautiverio, era más fácil dejar mi futuro en sus manos.

DIECISIETE

Libertad

El agua caliente se prodigó sobre mi cuerpo. Era el 13 de marzo de 1997, el día sesenta de mi encarcelamiento. Me hallaba disfrutando del lujo de una ducha inesperada. Algo extraordinario estaba a punto de suceder. Mientras me enjabonaba, intenté imaginar qué podría ser. Tal vez me esperara otra entrevista con funcionarios de la embajada de Suiza. Quizás volviera al juzgado. Por un breve instante se me pasó por la cabeza el que mis padres estuvieran esperándome en algún lugar de la cárcel.

—Salga ya —ordenó el guardia, interrumpiendo la placentera ducha de costumbre.

Salté fuera de la ducha, me sequé y me puse unos pijamas limpios. Me puse la venda y el guardia me condujo por un pasillo, peldaños abajo, hasta el mismo lugar donde antes esperara dos veces el microbús para ir al juzgado. Mientras esperaba me asomaba por un extremo de la venda. Vi como unos veinte presos, también esperando. Ninguno de ellos llevaba la venda puesta. Entonces me quité la mía y alcé el cuello por encima de los presentes para ver si Glenn seguía allí, aunque estaba casi seguro de que ya había sido liberado.

Al mirar hacia la pared noté que mi visión era borrosa. Parpadeé unas cuantas veces y volví a mirar. Aún veía borroso. Ocho semanas antes podía ver fácilmente las grietas en la pared. Pero eso era antes de pasar veinticuatro horas al día en una pequeña celda. Desde el tiempo en que trabajara en el hospital, en Afganistán, sabía que los ojos necesitan ejercicio constante y que han de ser ajustados desde los objetos cercanos a los objetos lejanos. Sin nada lejano en qué enfocarse, la vista se puede deteriorar. La mía había perdido bastante.

No había guardias vigilando y nada parecía acontecer. A medida que fue pasando el tiempo comencé a relajarme. Sonreí y me incliné levemente ante unos pocos presos. Uno de ellos me preguntó qué hacía en la cárcel Evin. Aparte del preso de mi primer viaje al juzgado, no me había permitido hablar con ningún preso por temor a que fueran espías. No obstante, en esta ocasión, la necesidad de comunicarme venció a la precaución y entablé una conversación con los dos presos más cercanos. Me llevé una gran sorpresa cuando descubrí que ambos hablaban un inglés perfecto con acento estadounidense. Cuando ellos supieron que yo era estadounidense, se apresuraron a contarme cómo habían acabado en la cárcel Evin.

El más alto de los dos me dijo que había sido cirujano en Irving, California, y el segundo, que había vivido en Westwood, también estado de California. ¡No podía creerlo! Estaba a miles de kilómetros de casa y estos dos hombres habían vivido a menos de ochenta kilómetros de mi ciudad natal.

Pregunté al cirujano por qué estaba en prisión, pero no me dio una respuesta clara. Dijo que había abierto consulta en Teherán y que había sido acusado de fomentar ideales occidentales. Lo mismo que yo, él también esperaba que las visitas al juzgado precipitaran acusaciones concretas contra las que se pudiera defender.

A diferencia del cirujano, el segundo preso sabía exactamente por qué había acabado en la cárcel. Había regresado a Irán para abrir su propio negocio, y como se había adaptado al estilo de vida occidental durante el tiempo que viviera en los Estados Unidos, rehusó pagar los habituales sobornos y mordidas que formaban parte del sistema iraní. Su negativa a colaborar había enfurecido a un funcionario municipal que se inventó una acusación contra él logrando que lo arrestaran y lo mandaran a la cárcel.

Seguimos charlando y otros presos se añadieron a la conversación, deseosos de contar sus casos. Mientras escuchaba a cada uno de ellos, descubrí que la mayoría habían sido detenidos por cuestiones monetarias. No habían satisfecho la mordida estipulada, o debían algún dudoso impuesto que ignoraban había vencido. Un joven como de mi edad confesó que estaba en prisión por ver un vídeo americano, ¡no clasificado por la censura como título prohibido, sino una película autorizada para todos los públicos! Me alegré por haberme deshecho de la copia del vídeo *Jesús* antes de entrar en Irán.

Todos parecían interesarse mucho por mi caso. Era raro encontrar extranjeros en Evin. Uno de los presos me dijo que había habido un afro-americano en la cárcel, aunque hacía varios meses que no se le veía. Estuvimos hablando por casi media hora hasta que se presentó el microbús. Todos subimos a bordo y en seguida me di cuenta de que nos dirigíamos al juzgado. Como no se me había dicho nada, me pregunté si se habría registrado algún progreso.

Cuando llegamos al juzgado, fuimos guiados a la misma zona de espera de las dos visitas previas. Pero en esta ocasión se nos permitió pasear y hablar en voz baja unos con los otros. Por algún motivo, se respiraba una atmósfera relajada.

Después de un rato, otras personas que no estaban presas se acercaron a la zona de espera. Las mujeres sollozaban y se lamentaban al reunirse con sus esposos e hijos. No pude evitar oír algunas conversaciones.

—¿Cómo pueden los niños seguir sin ti? ¡Tienes que venir a casa! No tenemos nada para comer —suplicaba una mujer con un niño delgaducho, como de dos años, entre sus brazos.

—No hay nada más que yo pueda hacer desde aquí. Tienes que conseguir el dinero. Pídeselo a mi hermano. Él te puede dar más —contestó el marido.

Yo sabía que ésta y otras conversaciones se referían a la manera en que los presos iraníes podían comprar su libertad. La cantidad que necesitaban pagar se fijaba en una visita especial. Era un auténtico soborno y todo el mundo lo sabía. Pero así era como el sistema sobrevivía. El tribunal quería que los presos pagaran el soborno y compraran su libertad, y cuanto más estaba un preso en la cárcel, tanto más se desesperaba y urgía a los miembros de su familia que le ayudaran a recaudar el dinero del rescate. Era un círculo vicioso que sólo servía para perpetuar la corrupción del sistema entero.

La reunión de los presos con sus familiares duró hasta la hora del almuerzo. A mí me llamaron a la pequeña sala de espera junto al despacho del juez pasadas las dos de la tarde. El intérprete del juez estaba dentro, sentado. Reflejaba la mueca de insolencia que le caracterizaba.

Le saludé con la cabeza y él me devolvió una sonrisa, dirigiéndola hacia un póster de Jomeini en la pared.

—¿Qué piensa de Jomeini, Dan? —me preguntó.

Yo sabía que tendría que responderle con mucha cautela.

—Bueno, él fue su dirigente. Yo honro a los dirigentes de su país.

—No —me forzó el intérprete—. Dígame qué es lo que realmente piensa. ¿Le gusta? ¿Aprecia usted lo que él ha hecho por nuestro país?

Llevaba con aquel hombre menos de un minuto en la sala y ya estaba harto de él.

—Sí —repuse sin entusiasmo—, pero no importa lo que yo piense. Yo le honro como dirigente suyo.

Procuré con mi respuesta concluir el asunto, pero el intérprete pareció dispuesto a incitarme a decir algo que más tarde lamentaría.

—Señor Baumann, le ordeno que me diga la verdad. ¿Qué piensa? —exigió.

Yo le miré fijamente.

—No tiene derecho a guardar silencio. Debe responder a mi pregunta —dijo ásperamente.

Decidí no contestarle. Antes prefería que me golpearan por no responder que confesar a este hombre lo que realmente pensaba de Jomeini.

Por fin, después de una media hora de silencio incómodo, un secretario abrió la puerta del despacho del juez y nos llamó.

—No quiere responder a mis preguntas —soltó de buenas a primeras el intérprete cuando entramos en el despacho.

El juez le dirigió una mirada fulminante y me indicó que tomara asiento.

—Bueno, ¿qué tal le tratan en la cárcel? —me preguntó en farsi.

—Bien —respondí—, aunque me siento solo. Me gustaría ser transferido a una celda con otros compañeros si fuera posible —le comenté.

El juez anotó algo y prosiguió.

—¿Está pudiendo salir a respirar aire fresco una hora a la semana, señor Baumann?

—Sí —respondí, aunque una parte de mí quería contarle el resto de la historia: que respirar al aire libre significaba realmente un cuarto de fregonas sin techo, pero sentí que no era el momento de decírselo.

—¿Y cuál es su dirección en estados Unidos, por si decido enviarle algo? —me preguntó.

Yo no tenía ni idea de lo que él podría enviar allá, pero le di la dirección postal de mis padres en Colorado.

Después que la hubo escrito, el juez se puso bruscamente de pie y dijo:

—Lo siento, pero hoy estoy muy ocupado. ¿Puede venir a verme pasado mañana? Tengo más cosas que quisiera comentarle.

—Por supuesto —repuse, contento de tener otra excursión por delante.

Y volviéndose al intérprete, le dijo:

—Yo mismo acompañaré al señor Baumann hasta los guardias. Puede marcharse.

Noté que al intérprete no le hacía mucha gracia tal despedida, pero se dio media vuelta y se marchó. Yo seguí al juez fuera del despacho. La zona de espera estaba vacía y supuse que todos habían ya subido al microbús. Torcimos a la derecha y de camino el juez empezó a hablar.

—Lamento no poder dedicarle más tiempo —dijo en farsi para cambiar en seguida al inglés—. A propósito, señor Baumann, voy a ayudarle.

—¿De verdad? —le respondí, no sabiendo muy bien qué pensar. Nos acercamos al patio en donde el microbús estaba estacionado. Me esperaba un guardia.

—Sí, señor Baumann, le voy a ayudar. Que pase una buena tarde. Adiós.

Aquella noche permanecí despierto y alegre. Por primera vez en bastante tiempo sentí genuina esperanza. Creí verdaderamente que el juez iba en serio. Intuí que quería ayudarme. ¿Quería decir que podría trasladarme a otra celda con otros presos y acabar con mi aislamiento? Quizás autorizara más visitas a los funcionarios de la embajada. O, ¿quería acaso decir que iba realmente a ayudarme a salir de la cárcel?

El día siguiente, viernes, día sagrado musulmán, transcurrió apaciblemente. El sábado por la mañana me sacaron a la explanada para esperar el microbús para ir a ver al juez. No había más presos allí, con lo que el guardia me permitió quitarme la venda. Me acerqué al microbús cuando éste se detuvo. Me quedé atónito al ver que un hombre se me adelantaba. Había salido por una puerta lateral. ¿Sería éste el estadounidense de que me hablara el preso iraní en un viaje previo al juzgado?

Subí al autobús y me senté junto a aquel hombre.

—¿Habla inglés? —le pregunté.

—Sí, lo hablo —dijo en un acento sureño

—¿De dónde es?

—Louisiana —respondió—. ¿Y usted?

—California —contesté—. Me llamó Dan Baumann. ¿Qué hace usted aquí?

—Yo me llamo Joseph Morris. Tuve un problema de visado. Llevo aquí quince meses hasta la fecha.

Puse expresión de incredulidad. ¡Quince meses! Mientras intentaba procesar esa información, un guardia subió al autobús y mandó a Joseph que se bajara. Luego, como si guardaran cola, un grupo de presos salió del edificio y se subió al microbús. Joseph Morris se alejó y otro hombre ocupó su lugar. Reconocí al hombre del juzgado que me había prometido calcetines nuevos varias semanas antes. Ocupaba un asiento detrás de mí.

Una vez que el viejo Mercedes echó a rodar, el hombre me dio un golpecito en la espalda.

—Hola, amigo, éstos son para usted —dijo alargándome una bola negra. Yo la desenrollé inmediatamente y descubrí un par de calcetines nuevos, reforzados por los tacones y con elásticos en los tobillos. ¡Demasiado bueno para ser verdad!

Me quité las sandalias rojas y los viejos calcetines llenos de agujeros. Me puse los nuevos. Eran suaves y abrigaban. Pasé todo un minuto concentrado en la agradable sensación que provocaban. Di las gracias al hombre por su amabilidad y generosidad, y me alenté pensando que esto podía ser un buen augurio de lo que me deparara el resto del día.

Los pies se me calentaron con los nuevos calcetines. Pensé en Joseph Morris. ¿Qué le había pasado? ¿Le habían acercado deliberadamente las autoridades de la cárcel para que habláramos? Y en ese caso, ¿para qué? ¿Para asustarme? ¿Para desanimarme? Si él llevaba allí quince meses por una complicación de visado, a mí me podía caer aún más tiempo. No lo sabía, pero hubiera deseado conversar más tiempo con él.

El microbús llegó al juzgado. Me esperaba un largo día por delante, como si a cada hora que pasara fuera trasladado de una sala a otra y se me hiciera sentar en una silla o quedarme de pie junto a la pared. A las dos de la tarde ya acumulaba gran frustración. Entonces vi al juez. Se me acercó flanqueado por dos mullahs con sendos turbantes blancos en la cabeza que se balanceaban a cada paso que daban. Pero antes de llegar a donde yo estaba entraron en una habitación contigua, donde pude oír parte de su conversación a través de la puerta abierta.

—Él trabajó en un hospital, en Afganistán, ayudando a los pobres —dijo una voz que reconocí como la voz del juez—. Es un buen hombre y le voy a ayudar.

No pude captar el resto de la conversación, pero había oído lo suficiente como para armarme de ánimo.

A los pocos minutos, el juez entró en la habitación adyacente donde yo esperaba. Sonrió.

—Señor Baumann, lo siento. Hoy también he estado muy ocupado. ¿Es usted tan amable de volver mañana?

—Desde luego —respondí, notando que su talante era como el de un amigo que te invita a tomar café, cuando en realidad yo era un preso que no tenía arte ni parte en cuanto a dónde y cuándo iba.

En el viaje de vuelta a la cárcel intenté no repetir mentalmente la conversación. Preferí contemplar el paisaje mientras tuviera oportunidad. Ya habría tiempo después para tratar de discernir lo que se proponía el juez.

Aquella noche, repasando los sucesos del día consideré dos experiencias muy distintas, primero la de Joseph Morris, el hombre afroamericano del microbús. Llevaba quince meses en la cárcel Evin por una violación de visado. ¿Con quién me las estaba jugando? ¿Cuánto tiempo más le caería a un individuo por ser supuestamente espía de la CIA? Pero entonces recordé las optimistas palabras del juez. Si alguien podía ayudarme era él, desde luego. Pero, ¿había dicho esas cosas para darme falsas esperanzas? ¿Era él un gato y yo un ratón? ¿Estaba jugando conmigo para divertirse?

No tenía respuestas a estas inquietantes preguntas, pero no pude evitar sacarlas de mi cabeza durante toda la noche. A eso de las dos de la madrugada, estaba completamente exhausto y me puse a orar. «Está bien, Señor, reconozco que tú eres el amo; yo soy el siervo. Cuando te entregué mi vida, te dije que podías hacer lo que te placiera conmigo. No se trata de mi vida ni de lo que yo quiero. Se trata de ti. Señor, haz tu voluntad en mi vida. Si tengo que quedarme aquí para siempre, que así sea».

Oré hasta quedarme dormido a eso de las cuatro. Dos horas después me despertaron los chirridos del carro del desayuno.

Acababa de desayunar cuando tres guardias se presentaron en la celda.

—Vamos, dése prisa. Recoja sus cosas.

Tardé unos segundos en reaccionar. Miré en derredor de la celda. Ciertamente no tenía mucho que recoger: mi ropa interior, enrollada en una pelota para jugar a los bolos, la Biblia, libros y algunos utensilios para comer. Después de ponerme la venda, uno de los guardias me agarró de la muñeca y me guió.

Cuando me quité la venda me hallaba en la misma habitación en la que comparecí con Glenn cuando ingresamos en la cárcel Evin, cincuenta y nueve días antes.

Otro guardia me pasó una bolsa de basura atada con un lazo amarillo.

—Vístase con esto —me dijo.

Abrí la bolsa. Era la misma en la que había guardado mis cosas al llegar a la cárcel Evin. Dentro encontré mis pantalones, camisa y zapatos. Nada más. El corazón se me aceleró mientras me apresuraba a desvestirme y ponerme mi propia ropa. Me había imaginado muchas veces el momento solemne de volver a vestirme cómodamente con mi propia ropa, a mí perfecta medida. No obstante, me lamenté cuando me puse los pantalones. En vez de ajustármelos con normalidad, me colgaban con holgura de las caderas. Sin cinto, tuve que sujetármelos para que no se me cayeran. Hasta los zapatos me quedaban grandes. No sabía que hubiera perdido tanto peso.

—Aquí, firme aquí —dijo el guardia, poniendo delante de mí la lista que había escrito cuando pusiera mis pertenencias en la bolsa semanas atrás.

Firmé el papel a pesar de que me faltaban bastantes cosas. Entonces el guardia me alargó una almohadilla entintada y me mandó marcar mi huella en el papel. Hice como se me ordenó.

Una vez que estuve vestido y hube firmado el papel, me sacaron de la habitación y me llevaron al microbús.

De camino al juzgado, mis pensamientos desvariaban por sendas distintas. Por una, me decía que sería un hombre libre al llegar la noche. Por la otra, que simplemente estaba siendo transportado a otra prisión, o peor aún, que iba camino a mi ejecución. No había forma de resolver el conflicto entre estos dos posibles escenarios ponderándolos en mi mente. Sólo el tiempo diría, por lo que esperé angustiado para averiguar hacia dónde el microbús me conducía.

Afortunadamente, me llevó al juzgado, a la zona de espera, con los otros presos. Como a las nueve de la mañana tuvimos una pausa para ir al servicio. Cuando volví me llevaron al despacho del juez. El juez no estaba allí, pero sí el secretario, quien me trató como un huésped, e incluso me ofreció una taza de té caliente.

—¿Por qué va vestido hoy con su propia ropa, señor Baumann? —me preguntó al tiempo que me pasaba el té—. Los ojos le resplandecieron.

Yo hice todo lo posible por no caer en la euforia, pero no me fue difícil imaginar que estaba a punto de ser liberado.

Finalmente el juez entró en el despacho. Se detuvo a hablar con su secretario.

—¿Hemos atado todos los cabos? —oí que le preguntaba.

—Sí —respondió el secretario.

—Bien —dijo el juez. Y dirigiéndose hacia mí me requirió—, vamos, señor Baumann, acompáñeme, por favor.

Le seguí. Atravesamos la zona de espera en donde aguardaban los demás presos y nos presentamos ante una doble puerta de vidrio esmerilado. Delante de la puerta había una línea roja pintada en el suelo y un guardia sentado. El juez saludó al guardia y empujó la puerta. Yo le acompañé y entramos en otro mundo: una amplia recepción con hermosas alfombras persas y floridos paneles labrados en las paredes. Una mesa larga, oscura y pulimentada ocupaba el centro del salón. Cinco mullahs sentados a la mesa me observaron al entrar. El juez de despojó de sus sandalias y me indicó que hiciera lo propio con mis zapatos. Entonces nos acercamos despacio a la mesa. Mi corazón latía intensamente. Algo importante estaba a punto de suceder.

Uno de los mullahs se levantó para recibirnos.

—¿Está todo listo? —le preguntó el juez.

—Sí, todo está listo. Venga.

El mullah nos condujo a través de otra puerta y accedimos a un despacho opulento. Disponía de un espacio con una fila de sillas contra una pared. Delante de cada silla había una mesita y sobre cada mesita un plato de porcelana de gran calidad y una cesta de fruta. El juez se sentó en una de las sillas.

Al extremo del despacho había otro mullah sentado a un escritorio de estilo recargado. Yo acababa de saludar al mullah con una reverencia cuando se me acercó un europeo de unos sesenta y cinco años, vestido con pantalones grises, chaqueta azul marino y corbata roja y amarilla. Le acompañaba una joven iraní con la cabeza cubierta con el negro pañuelo tradicional.

—Hola, señor Baumann, soy el señor Meier, embajador de Suiza en Irán. Es un placer conocerle —dijo, extendiéndome la mano.

—Es un placer conocerle, señor —respondí, estrechándole firmemente la mano.

Me señaló mi asiento. En ese momento entró otra mujer con un cuaderno en la mano. El juez empezó a hablar con el mullah mientras yo permanecí sentado, escuchando. Por la conversación, deduje que este mullah era el Presidente del Tribunal Supremo de Irán, cargo que concentraba mucho poder.

Comentaron el contenido de una especie de carta formal, cómo debía de ser redactada y quién debía traducirla al inglés.

—¿Podría, por favor, leérmela en voz alta? —dijo el embajador de Suiza.

—Ciertamente —repuso el juez, y empezó a leer la misiva en refinado persa.

Desgraciadamente, no fui capaz de entender una sola palabra. Debí dar síntomas de frustración, porque la joven que acompañaba al embajador se inclinó hacia mí y se ofreció a interpretármela.

Entonces tomó una copia del documento y empezó a leérmelo en voz baja: «Debido a nuestro compromiso y amistad con el gobierno suizo decidimos olvidar el caso Daniel Baumann y entregarle a la competencia del embajador de Suiza. Por lo tanto, el señor Baumann estará a cargo del embajador de Suiza hasta que éste pueda asegurar su salida del país».

Mi cuerpo reaccionó antes que mi mente hubiera comprendido plenamente el alcance de las palabras que se me estaban leyendo: se me saltaron las lágrimas. ¡Volvía a ser un hombre libre! Ya no sería el preso número cincuenta y ocho. Nunca más regresaría a la cárcel Evin.

Me giré hacia el juez. Él esbozó una amplia sonrisa, una expresión de victoria, por la cual yo me sentía inmensamente agradecido.

Permanecí en el despacho una hora más, aunque no recuerdo mucho de lo que sucedió durante ese intervalo. La noticia de mi inminente liberación me desbordaba. Sin embargo, me las arreglé para tomar una manzana y una naranja. Dejé a propósito las semillas de la manzana en el plato de porcelana. Los Beasleys y los Fat Fours no las necesitarían más.

Por fin, el embajador se levantó y todos los demás siguieron su estela. Estrechó la mano de cada uno de los presentes y les dio las gracias por ayudarle a resolver el caso. Luego se dirigió hacia mí y me dijo con voz decidida:

—Señor Baumann, usted se viene conmigo.

—Sí, señor —le respondí.

Nos dirigimos hacia la puerta y nos calzamos. Mientras lo hacíamos, el presidente del Tribunal Supremo habló con el embajador en persa.

Se me erizaron los pelos del cuello. Algo estaba mal.

—No —oí que decía el embajador con firmeza—, me llevaré ahora al señor Baumann. El mullah negó con la cabeza.

—Tiene que llevarse esta carta; sólo se tardará media hora en traducir.

—No dispongo de media hora —respondió el embajador con vehemencia—. Y entonces miró fijamente a los ojos del mullah.

—Tendrá que enviármela.

—De acuerdo, lo haremos —dijo el mullah.

Entonces el señor Meier me instó:

—Señor Baumann, tenemos que irnos inmediatamente.

Ya nos íbamos, pero en ese instante el juez se me acercó.

—Adiós —me dijo.

Yo le ofrecí la mano para despedirme, pero él extendió sus brazos y me dio un fuerte abrazo. Luego me besó la mejilla izquierda, después la derecha y de nuevo la izquierda.

Las lágrimas se me saltaron cuando me di cuenta de la importancia de lo que él acababa de hacer. En la cultura iraní, sólo las personas de rango similar se dan tres besos. Con este acto el juez me estaba diciendo: «Usted es mi amigo. No tiene pecado en su vida». Me sobrecogió su generosidad de espíritu.

Cuando el juez se apartó no pude menos que pensar: *Señor, tu dijiste que yo debía seguir la senda del amor, y por medio de esta experiencia has cambiado vidas iraníes. Atrajiste tres guardias a ti. Cambiaste el corazón de un hombre que quería matarme para luego ayudarme y me concediste el favor de este juez. Gracias.*

El embajador me tomó del brazo y salimos juntos del despacho. La joven intérprete nos siguió. Mientras esperábamos el ascensor en el vestíbulo un guardia me lanzó una mirada de desconfianza. ¡No era de extrañar! Logré ver mi figura en el ascensor. Tenía el pelo enredado y la ropa arrugada y en exceso holgada. ¡Era un espectáculo!

Se abrió la puerta del ascensor y entramos en él. Se abrió un piso más abajo y yo seguí rápidamente al embajador de Suiza. Pasamos delante de otros guardias y salimos al estacionamiento. Caminó con paso decidido hasta un Toyota Landcruiser todo-terreno, de color gris oscuro e hizo una señal al conductor. El señor Meier y yo nos subimos en el asiento trasero y la intérprete al lado del conductor.

—Salgamos de aquí —dijo el embajador con tono de urgencia.

Cerré la puerta y el vehículo arrancó. ¡Era libre, por fin!

DIECIOCHO

Fuera de Irán

Me invadió una sensación de alivio cuando el todo-terreno se abrió camino en medio de un tráfico intenso. El aleteo de las banderas rojiblancas en el guardabarros delantero sirvió de telón de fondo al sobrecogimiento que me sobrevino por el repentino e inesperado cambio de circunstancias.

—Tardaremos como una media hora en llegar hasta mi residencia —dijo el señor Meier mirando con impaciencia por la ventanilla.

Por el viaje, me acordé de Glenn.

—Glenn Murray, el chico sudafricano con el que fui apresado, ¿salió de la cárcel? —pregunté.

—Sí —respondió el embajador. Fue puesto en libertad el 18 de febrero, hace casi un mes. Creo que regresó a África del Sur para pedir a su gobierno que presionara a su favor ante el gobierno iraní.

Me alegré de que Glenn estuviera a salvo. Ambos éramos ya libres. Pensando en Glenn, otro asunto me vino a la cabeza.

—¿Qué día es? —pregunté al embajador.

—El 16 de marzo —respondió.

¿Y qué hora?

—Son las once en punto —dijo el señor Meier tras comprobar su reloj.

Eran las once en punto cuando entrara en la Oficina de Extranjeros, sesenta y tres días antes. Al recordarlo se me puso la carne de gallina. Aquel día, a aquella misma hora, se cumplían exactamente nueve semanas desde mi detención. Lo asombroso y sobrecogedor fue que Dios me había hecho saber desde el principio que estaría en prisión nueve semanas. Sollozos incontrolables se apoderaron de mí.

Sabía que el embajador asumiría que me sentía conmovido por haber sido finalmente liberado, pero eso no era todo. Estaba abrumado por la fidelidad de Dios. Él dijo que me ayudaría a salir de ésta y lo hizo. Durante los momentos más oscuros Él había estado siempre conmigo. Aún durante mi intento de suicidio y aquellas aterradoras noches en las que el jefe de los guardias casi me mató, Dios me había protegido. Yo sabía que muchas personas se habían esforzado para conseguir mi liberación, incluido el hombre sentado a mi lado, pero no podía obviar el tiempo perfecto de todo. Dios había hecho exactamente lo prometido, aun cuando yo dudara de Él muchas veces.

Finalmente, el Toyota franqueó la verja metálica de la residencia del embajador. Cuando se cerró el portón, por primera vez después de muchas semanas me sentí completamente seguro. Y cuando el vehículo se detuvo, el señor Meier corrió a la residencia en busca de una cámara. Apareció unos instantes después seguido de una doncella, listo para gastar todo un carrete para documentar mi libertad. Los dos posamos en un jardín meticulosamente cuidado.

Cuando se hubo acabado el carrete, acompañé al embajador a la residencia. Un mayordomo nos abrió la puerta y el señor Meier me presentó.

—Éste es el señor Baumann —dijo—. Es mi huésped de honor. Sírvale cualquier cosa que pida.

El mayordomo asintió y anunció que el almuerzo estaría listo en una hora.

Seguí al embajador a un amplio vestíbulo.

—Le mostraré su habitación —dijo mientras yo admiraba el lujo del lugar.

En un rincón reposaba un gran piano; muebles caros decoraban cada habitación. Los suelos eran de mármol y madera pulimentada y estaban cubiertos con alfombras persas hechas a mano. Sobre una mesa pequeña divisé un teléfono inalámbrico. ¿Puedo llamar a mi familia? —pregunté anhelante.

—Claro que sí —dijo el señor Meier—. Pero no diga demasiado. Todas las llamadas al exterior son escrupulosamente controladas por las autoridades iraníes.

—Seré breve —le aseguré, calculando que la hora local de Colorado rondaba la medianoche.

Las manos me temblaban al marcar el número. Oí sonar el auricular al otro extremo y me prometí a mí mismo ser lo más breve y lo menos emotivo posible.

—Hola, Gunila Baumann —oí la voz con fuerte acento de mi madre.

—Hola mamá —dije—; soy yo, Daniel.

—Hola hijo —contestó cautelosamente, y me di cuenta que no sabía desde dónde llamaba.

—Todo está bien, mamá —le dije—. Ya he salido de la cárcel. Estoy en la residencia del embajador de Suiza.

Oí que mi madre llamaba a mi padre.

—¡Hans! ¡Es Dan! ¡Ha sido liberado! ¡Alabado sea Dios! —gritó desde el teléfono.

Me reí en voz alta. Ésa era mi madre.

—*He sido liberado. Estoy bien. Viajaré a Europa en los próximos días.* Ya te llamaré con más detalles. Sólo quería que supieseis que estoy a salvo; ahora tengo que despedirme. Les quiero mucho —dije, consciente de que me empezaba a embargar la emoción.

—Te queremos, hijo —repuso mi madre.

Tan pronto como acabé de hablar con mi madre la doncella me llevó a la habitación que me alojaría hasta mi partida. Cuando ella cerró la puerta, no pude apartar los ojos de la cama. Era alta, tenía un edredón y cuatro almohadas de plumas. Ofrecía un vivo contraste con la desgastada alfombra y las viejas mantas que me sirvieron de cama en los últimos meses. Me tumbé encima sólo para comprobar lo suave que era, aun cuando estaba demasiado emocionado como para intentar dormir.

Al cabo de poco sonó el timbre del almuerzo, me lavé la cara y bajé las escaleras. Al fondo me esperaba David Steiner, el encargado de negocios de la embajada de Suiza que me había visitado en la cárcel. Me saludó efusivamente y nos sentamos juntos a la mesa.

La mesa parecía que había sido dispuesta para un banquete. Delante de cada asiento había un juego de cucharas, tenedores, cuchillos y varios vasos.

La doncella trajo un cuenco de sopa de cebollas y lo colocó delante de mí.

—Sírvase, señor Baumann —dijo el embajador.

Por un momento no supe aclararme. No recordaba qué cuchara debía usar. Decidí preguntar en vez de hacer el ridículo. Me incliné hacia el embajador y le dije:

—Disculpe, ¿qué cuchara debo usar para la sopa?

El embajador soltó una risita.

—Señor Baumann —dijo—, es un hombre libre. Use la que le apetezca.

Escogí la más cercana al plato y procedí a tomar la sopa más deliciosa de mi vida. Mientras comíamos, el embajador y David Steiner me bombardearon con preguntas acerca de mi cautiverio. Querían saber todo lo que había experimentado.

—Cuando fue interrogado, ¿cómo supo qué debía decir y qué debía callar? —me preguntó el embajador, mientras la doncella traía más comida.

Le miré a los ojos.

—Sepa señor embajador que desde el principio me propuse ser honesto. Decidí contarles toda la verdad, aunque me mataran.

—Ah, esa fue una decisión muy acertada, señor Baumann —dijo—. Nos facilitó mucho las cosas a la hora de ayudarle, ya que pudimos confirmar lo que usted ya había asegurado a sus interrogadores. ¿Quién le dijo que actuara así?

—Jesucristo —respondí.

—¿Jesucristo? —repitió el embajador.

—Ciertamente. Él estuvo conmigo todo el tiempo.

Les conté a los dos hombres la historia de la fidelidad de Dios para conmigo, aun cuando dudara de Él frecuentemente. Ellos me escucharon con atención.

Después de comer, el señor Meier me sugirió que me retirara a mi habitación por una hora más o menos. Después de lo cual, prometió llevarme a la embajada para conocer a todas las personas que tanto se habían esforzado por conseguir mi liberación.

Anduve por mi habitación y entré en el baño. Se me ocurrió pesarme y la balanza sólo marcó sesenta y ocho. Había perdido dieciocho kilos en la cárcel. Me quedé un rato mirándome al espejo. Necesitaba urgentemente un afeitado y un corte de pelo, pero decidí quedarme como estaba hasta entrevistarme con el personal de la embajada que había dedicado muchos días para que este momento fuera una realidad.

Volví al dormitorio, pero no pude quedarme allí. Los prolongados días de aislamiento penal habían hecho mella en mí y necesitaba desesperadamente estar en compañía de alguien. Bajé las escaleras y entablé conversación con la doncella.

Una hora después salimos con dirección a la embajada. Pese a viajar en un vehículo oficial, aún me sentí intranquilo al dejar atrás la seguridad de la residencia del embajador. No obstante, mi intranquilidad cesó tan pronto conocí a las personas que tanto se habían esforzado en mí favor. Todos se mostraron amables y comprensivos, me rodearon y me hicieron preguntas. Yo les conté los altibajos de mi experiencia en la cárcel. Acabamos todos llorando.

—Pendía una sentencia de muerte sobre su cabeza —resumió una mujer—. Usted debía morir, pero entre todos vencimos al sistema.

En mi interior, yo sabía que Dios les había usado para «vencer al sistema», pero para sus más altos propósitos. Su Palabra llegó a ser real para aquellos guardias, mostrándoles que Él es verdaderamente un Dios de amor, Uno que puede cambiar radicalmente vidas.

Juntos, celebramos la victoria en aquel salón.

Me mezclé y entablé conversación con distintas personas y conocí más detalles acerca de mi caso. Era asombroso hasta donde esta gente había llegado para asegurar mi libertad. Desbordé de gratitud a Dios y a ellos por el compromiso que me demostraron. Entre otras muchas cosas que hiciera el embajador, había apartado tiempo de su atareada agenda para viajar a Afganistán, para buscar antecedentes de mi servicio en el hospital.

También recibí un montón de cartas fotocopiadas de casi tres centímetros de grosor que la gente me había escrito. Las originales me habían sido remitidas a la cárcel Evin, aunque no recibiera ninguna de ellas. Revisé el montón y reconocí muchos de los nombres de los remitentes, Leí una carta de mi hermana Tina. En ella me contaba que había dado a luz un niño en febrero. Le habían llamado Caleb Daniel en mi honor. Por centésima vez en ese día los ojos me rebosaron de lágrimas.

También había muchas cartas de personas desconocidas, gente que a través de su iglesia o grupo de oración se había enterado que yo estaba en la cárcel y me escribían para animarme. La genuina preocupación de tales cristianos desconocidos, de muchos lugares de procedencia, me conmovió profundamente. Aun en mis horas más tenebrosas no había estado solo. Había sido cubierto en oración desde muchos puntos del mundo.

Pasé los dos días siguientes en la residencia del embajador mientras él preparaba mi salida de Irán. Durante la mayor parte de ese tiempo, me afloraban las emociones por cualquier cosa. Cuando oía un ruido, por ejemplo, un crujido de ruedas en la calle, me sobresaltaba, temeroso de que la policía llegara de improviso para devolverme a Evin. También me preocupaba el que los árboles del jardín tuvieran micrófonos ocultos camuflados y que el mayordomo fuera un espía iraní. Apenas dormía por la noche y, por extraño que parezca, echaba de menos la celda de la cárcel. Parte de mí anhelaba volver a aquel espacio reducidísimo donde todo estaba ordenado y no tenía responsabilidades. Ahora que era libre, incluso la decisión más insignificante me atormentaba. Mi zona de confort se había reducido tan drásticamente durante mi encarcelamiento que mi libertad recién conquistada trajo consigo sus propias secuelas de adaptación psicológica y emocional.

El día después de mi llegada a la residencia, se me informó que tenía que ir a una oficina del gobierno para actualizar mi visado de salida. Después de mucha protesta y oración, accedí finalmente, pero era un manojo de nervios. El embajador me garantizó que no se trataba más que de un detalle técnico y que la oficina a la que yo debía ir no tenía nada que ver con la cárcel o el departamento de justicia. Uno de los funcionarios de la embajada me condujo hasta la oficina. Al acercarnos, comprobé que estaba a corta distancia del edificio en el que mis problemas habían comenzado. No importa que insistieran en asegurarme que todo iría bien; mi corazón se aceleró. Por alguna razón, no se permitía a los funcionarios de las embajadas extranjeras entrar en aquel edificio, de modo que tuve que entrar solo.

El vehículo de la embajada se detuvo delante de la puerta principal. Con un nudo en el estómago, salí del vehículo y entré en el edificio. Encontré la oficina que buscaba en el segundo piso y afortunadamente todo estaba en orden. Un funcionario me esperaba con los papeles que necesitaban mi firma para obtener el visado de salida. Firmé los papeles y entregué mi pasaporte con cautela. Esperé nerviosamente y en un par de minutos el funcionario me devolvió el pasaporte con el visado de salida estampado en él.

Con el pasaporte en mano, bajé las escaleras lo mas rápido que pude, para no dar oportunidad a nadie de aprehenderme y arrastrarme a la cárcel. Aterricé en la puerta del edificio y casi me lancé al vehículo de la embajada sonriendo abiertamente. Lo había conseguido. Tenía en mi poder el visado de salida, mi pasaporte y ¡aún era libre!

La segunda noche después de la cena, el embajador parecía un poco inquieto. Hizo varias llamadas telefónicas desde su despacho. Cuando volvió, noté en él cierta agitación.

—Dan —me dijo—, tengo que ser honesto con usted. Su liberación fue aprobada por uno de los más altos dignatarios del gobierno iraní, pero muchas otras personas bajo su autoridad no están contentas con esa decisión —su voz iba tornándose más grave a medida que hablaba—. Por ley, no podemos escoltarle hasta la escalerilla del avión. Sólo podemos llevarle hasta el control de inmigración, pero de ahí en adelante tendrá que quedarse solo.

—¿Representa eso un problema? —le pregunté; la boca se me resecó repentinamente.

—No necesariamente —siguió diciendo el embajador—, aunque hay un sector del gobierno que está disgustado por su liberación. A

esos les encantaría tenerle en sus garras y convertirle en un chivo ex-
piatorio. Estoy tratando de que la policía y los guardias de seguridad,
desde el control de inmigración hasta el avión, hayan oído hablar de
usted y estén dispuestos a dejarle pasar.

Este giro repentino de acontecimientos me fastidió profundamente. Quise quedarme para siempre en la embajada de Suiza.
Mientras permaneciera dentro, estaría seguro. El gobierno iraní tenía que garantizar por ley la inmunidad diplomática del recinto de
la embajada.

—De manera que la cosa no está zanjada —dije finalmente.

—No —dijo el embajador—. No lo estará hasta que pise suelo
europeo. Pero no se preocupe. Llegará muy pronto. He decidido que,
puesto que todo está en orden, debemos actuar de inmediato. Prolon-
gar la espera podría complicar su salida. Saldrá esta misma noche en
un vuelo de Lufthansa. No podemos esperar al de Swiss Air del jueves.
La marea política puede cambiar aquí de repente.

El embajador me explicó el plan. Gracias a él, mi pasaporte contaba ahora con el visado y los sellos requeridos. Una hora
después me hallé camino al aeropuerto con un funcionario de la
embajada y su conductor. El funcionario me aseguró que no debía
tener problema en el control de inmigración. Una vez pasado el
control, debía esperar en la zona de tránsito hasta que anunciaran
mi vuelo. Después podría acercarme a la pista de despegue y subir
a bordo.

—Nada saldrá mal —me aseguró—. Esperaremos en el vehículo
unos cuantos minutos hasta que llegue la hora. Una vez que haya subido a bordo, nos gustaría que el avión despegara lo antes posible.

Yo intenté mantener la calma, pero como tenía un nudo en el estómago casi me daban ganas de vomitar. Estaba a punto de sufrir una
dura prueba y absolutamente nadie podía garantizarme el desenlace.

Al cabo de unos minutos el conductor estacionó el vehículo de
la embajada. El funcionario se apeó y echó un vistazo en derredor.
Me indicó que le siguiera. Lo hice cautelosamente, dejando atrás la
seguridad que me brindaba la bandera suiza.

Caminamos hasta la terminal y él me mostró la cola que debía
guardar.

—Esperaré aquí hasta que le vea subir al avión —dijo el funcionario, empujándome gentilmente hacia adelante—. Buena suerte.
Llame al embajador tan pronto como aterrice en Francfort.

Estreché la mano del hombre sin saber qué decir. Dar las gracias
me parecía inapropiado por todo lo que la embajada de Suiza había
hecho por mí para obtener mi libertad. Pero no se me ocurría nada
mejor, de modo que acabé dándoselas.

Hice cola. Intenté desesperadamente no acordarme de la última
cola de inmigración que tuve que sufrir. En un par de minutos me
hallé al frente de la misma. Un funcionario de inmigración compro-
bó mis papeles, gruñó y me indicó con la mano que pasara.

Ahora me encontraba completamente solo. Esperé como una media hora en la zona de tránsito hasta que anunciaran el vuelo y pudiera subir a bordo. Procuré no mostrarme nervioso mientras esperaba.
Pero no era cosa fácil de conseguir dado el número de soldados con ri-
fles automáticos que patrullaban la zona. Cuando por fin anunciaron
el vuelo, me dirigí al control de seguridad. Una vez chequeado pude
franquear la puerta y acompañar al resto de los pasajeros.

Dudé mientras avanzaba por el alquitrán. Este sería un momento
perfecto para tenderme una emboscada —pensé—. Para consuelo mío,
nada sucedió y pude subir la escalerilla del Airbus A320. Al cruzar el
umbral del aparato, supe que estaba en propiedad alemana. Me escurrí
en un asiento con ventanilla, junto a un hombre muy corpulento.

Yo fui uno de los últimos pasajeros en subir a bordo. Me re-
lajé un poco cuando se cerró la puerta de la cabina y se procedió
de inmediato a efectuar el despegue. A medida que los motores del
reactor se aceleraban mi imaginación hizo lo propio. No pude evitarlo. Temí que el hombre junto a mí fuera un agente del gobierno
enviado para recuperarme. Tal vez hubiera espías apostados en el
avión con la orden de acecharme por Europa. Traté de reírme de
mis pensamientos paranoicos, pero teniendo en cuenta la horrible
prueba soportada en las nueve últimas semanas, esos pensamientos
me controlaban poderosamente.

Dejamos atrás el edificio de la terminal y aunque no pude ver al
funcionario de la embajada, agradecí que él estuviera presenciando
el despegue del aparato.

Al llegar al final de la pista, los motores empezaron a rugir y el Airbus se lanzó a su veloz carrera. En seguida nos elevamos en el aire. Sin embargo, todavía nos encontrábamos en el espacio aéreo iraní, por lo que examiné ansiosamente la pantalla del fondo. Una delgada línea gris marcaba el camino que teníamos por delante, mientras que una línea verde señalaba el trayecto que ya habíamos recorrido.

Observando la línea verde y los kilómetros que ya habíamos cubierto, me dije a mí mismo: *Aún no soy libre. Bastaría que se produjese una emergencia médica y volvería a encontrarme en suelo iraní.*

Aún no me había librado de este pensamiento cuando el altavoz crujió y emitió una voz urgente. «Se ruega al personal médico que pueda encontrarse a bordo que acuda inmediatamente a la cola del avión».

Comencé a temblar y miré hacia atrás para ver lo que pasaba. Al estirar el cuello vi que varias personas se levantaban de sus asientos y se dirigían hacia la parte trasera del aparato. El pánico se apoderó de mí. Se me tenía que ocurrir alguna idea. No podía regresar a Irán por causa de una emergencia médica ni ningún otro motivo.

Me desabroché el cinturón de seguridad y me estrujé para salir al pasillo. Tenía que averiguar lo que estaba pasando, y si era necesario, orar por la persona que estuviera enferma.

Cuando llegué a la parte trasera vi que una mujer estaba tendida en el suelo. Una azafata y dos pasajeros, inclinados, trataban de atenderla. Otra azafata me interceptó.

—¿Es usted médico? —me preguntó.

—No. Pero necesito saber lo que está pasando. ¿Vamos a dar la vuelta? —le pregunté notando irracionalidad en mi voz.

—Por favor, vuélvase a su asiento —dijo secamente—. Nosotros nos encargaremos de todo.

Me quedé mirando un buen rato antes de volver a mi asiento.

Tomé asiento y me fijé en la línea verde de la pantalla. Esperaba ver que trazaba una curva en dirección a Teherán. Pero no fue así, sino que se mantuvo recta y no se apartó de la ruta fijada para el vuelo a Francfort, en Alemania. La emergencia médica se prolongó, pero yo di un suspiro de alivio cuando la línea verde indicó que habíamos entrado en el espacio aéreo turco. Ahora estábamos más cerca de Ankara que de Teherán, en caso de que hubiera que efectuar un aterrizaje de emergencia.

Al final, la emergencia médica pasó. La mujer se levantó del suelo y volvió a su asiento. El resto del viaje transcurrió sin novedad. Cuando aterrizamos en Francfort, los pasajeros en tránsito fueron invitados a un desayuno-bufete en una sala mientras el avión repostaba. Yo salí del avión, contento de poder estirar las piernas. De pronto, vi a un policía alemán con un arma. Antes que detenerme, corrí a resguardarme detrás de un pilar. Me asomé para ver si el policía me miraba. Cuando me di cuenta de lo que había hecho, tuve que hacer acopio de toda mi energía mental para salir de mi escondite y dejar atrás al soldado para dirigirme a la sala de tránsitos. Por el camino, vi un teléfono y recordé la promesa que había hecho al embajador de Suiza tan pronto como llegara. Marqué el número de su residencia y hablé con la doncella, ya que él no se encontraba en casa. Mantuve una breve conversación y ella se alegró de que todo hubiera salido según lo previsto.

Fui uno de los últimos pasajeros en llegar a la sala de tránsitos. Para entonces, la mayoría había pasado por la cola del bufete y formaba dos grupos. Un grupo de iraníes se sentó a una mesa y a otra, un grupo de europeos.

Me serví un plato de tocino con huevos revueltos y un zumo de naranja y decidí sentarme con los iraníes. Después de presentarme, me empezaron a hacer preguntas en farsi.

—¿Cuánto tiempo ha estado en Irán? —un hombre me preguntó.

—Como unos tres meses —respondí—, notando que se levantaban algunas cejas.

—Eso es mucho tiempo. ¿Dónde estuvo? —me preguntó otro hombre.

Pensé por un instante.

—Bueno, hice turismo por un par de semanas y después fui a Evin.

El primer hombre carraspeó nerviosamente.

—¿Evin? —repitió— ¿Quiere decir la prisión Evin?

—Sí. Allí fue donde estuve —dije sorbiendo un poco de zumo.

Inmediatamente fui sometido a un asedio de preguntas: ¿Por qué había estado en Evin? ¿Cómo había sido tratado allí? ¿Cómo es que no se habían enterado de mi caso en los periódicos? ¿Qué iba a hacer ahora?

Yo respondí a las preguntas lo mejor que pude, y cuando hube acabado, todos guardaron silencio por un momento.

Finalmente, un hombre me dijo:

—En nombre de nuestro país —dijo lamentándose profundamente—, me gustaría pedirle nuestra más sincera disculpa. Espero que no confunda la manera en que le ha tratado el gobierno iraní con el corazón de nuestro pueblo.

Le miré a los ojos.

—No, desde luego que no —repuse con toda sinceridad—. Sé que el pueblo iraní es abierto, hospitalario y amable; espero volver a su país algún día.

DIECINUEVE

Por fin en casa

Desembarqué en Zurich bien entrada la mañana. Mi tía Lotti me estaba esperando acompañada de un funcionario del gobierno suizo. Le respondí a unas cuantas preguntas y pude irme con mi tía.

En las dos semanas siguientes viví un cúmulo de acontecimientos e imágenes. Anduve por los Alpes suizos, me maravillé de los espacios abiertos y de la asombrosa quietud que allí reinaba. Lo raro es que rechazara varias comidas caseras con tal de visitar lo consabido de McDonald's. Me maravillaba de la libertad que disfrutaba para entrar y salir de las tiendas a mi antojo. Hablé también con mi hermana por teléfono y volví al aeropuerto a recibir a mis padres que llegaban de los Estados Unidos. Recibí llamadas telefónicas, faxes y correos electrónicos de todo el mundo. Mi madre me dijo que según todas las estimaciones habían rogado por mi liberación alrededor de un millón de personas. Me sentí humillado y maravillado por el derramamiento de amor e interés por mí demostrado por muchos cristianos de todo el mundo, a los cuales hubiera deseado dar las gracias personalmente.

Interrumpí mi estancia en Suiza para viajar a Francia y visitar La Ruche, un pequeño centro especializado en dar consejo a personas que han sufrido experiencias traumáticas. Mi hermana Lis me convenció de que yo encajaba en esa categoría de personas. No me arrepentí de ello. Consejeros profesionales me ayudaron a superar muchos asuntos que emergieron como consecuencia del tiempo vivido en la cárcel Evin, en particular, mi intento de suicidio.

Salí de La Ruche sintiéndome emocionalmente más fuerte, convencido que Dios y el tiempo me ayudarían a sanar las heridas aún sin cicatrizar.

Pocos días después, Glenn y su madre viajaron a Suiza desde Sudáfrica. Fue fantástico volver a verle y charlar de nuestro cautiverio. En Suiza también me entrevisté con un funcionario de las Naciones Unidas que había intervenido para resolver mi caso. Me dijo que mi encarcelamiento no podía haber ocurrido en mejor hora. Las Naciones Unidas auspiciaban una conferencia de seis semanas sobre los derechos humanos y él ejerció considerable presión sobre la delegación iraní para que resolviera mi caso antes de verse obligado a ponerlo en conocimiento de todos los asistentes a la conferencia. Si eso hubiera ocurrido, otros países, en particular Alemania, habrían probablemente impuesto sanciones económicas a Irán. Los iraníes se tomaron la amenaza tan en serio que uno de sus delegados viajó a Teherán un par de veces para pedir mi inmediata liberación.

Además de la presión política, cientos de cartas fueron escritas al embajador de Irán en Suiza solicitando mi liberación.

Una vez más, me anonadé ante los acontecimientos que Dios había orquestado y las personas que Él había movilizado para conseguir mi libertad. Sólo un Dios soberano podía encajar todas las piezas en su sitio para lograr el efecto previsto.

Finalmente, llegué a los Estados Unidos el 8 de abril de 1997.

No puedo describir la impresión que me produjo mi regreso a los Estados Unidos. Todas las libertades que había dado por sentadas durante años eran ahora sumamente reales. Pequeñas libertades como el salir a dar un paseo, el charlar con familia y amigos y el no tener que vivir en constante temor a la tortura o los interrogatorios. Una vez en casa, descubrí todo lo que había acontecido fuera de mi celda durante el periodo de mi encarcelamiento. Los gobiernos suizo y estadounidense habían colaborado diariamente en mi caso. Tres congresistas y un senador habían estado íntimamente comprometidos en las negociaciones y tuve el privilegio de darles personalmente las gracias por todos los esfuerzos realizados. Mi liberación fue decidida por altos cargos del gobierno iraní, y es casi seguro que interviniera el propio presidente. Tres semanas después que ingresara en la cárcel, otro estadounidense había sido puesto en libertad en esa misma prisión, aunque yo no lo sabía. Él preso había estado cautivo por cuatro años y medio; su único crimen cometido: ser estadounidense. Otro detalle asombroso fue que tres semanas después de mi liberación, el gobierno iraní fue procesado por tribunales alemanes de justicia por haber instigado la matanza de varios kurdos que habían sido asesinados dos años antes en un restaurante de Berlín.

Esto hizo que las relaciones diplomáticas entre Europa e Irán cayeran en picada, lo cual trajo consecuencias: veinte embajadores europeos en Irán, incluido el de Suiza, fueron llamados a Europa. Este embajador me contó en una conversación que mantuve con él en su

casa de Suiza, en noviembre de 1997, que si hubiera estado tres semanas más en la cárcel, los suizos habrían perdido toda influencia política para negociar mi liberación y yo habría tenido que permanecer
indefinidamente en prisión.

Resulta que las autoridades suizas dedicaron mucho tiempo a convencer a las iraníes de que yo era suizo. Durante mi encarcelamiento, mi
papá llamó a menudo a la embajada de Suiza en Teherán y les hablaba en
la lengua alemana de Suiza. Como todos los teléfonos estaban interveni-
dos, los iraníes supieron que mi papá era, evidentemente, suizo y, por lo
tanto, según su cultura, yo era automáticamente de esta nacionalidad.

El momento más tenso de mi cautiverio, visto desde fuera,
fue cuando, el 26 de febrero, la embajada de Suiza llamó a mis padres
para solicitarles el envío urgente de tres mil dólares para cubrir los
costos de un abogado defensor. Pero dado que había sido acusado
de espionaje, aunque falsamente, me enfrentaba a la pena de muerte
si resultaba convicto. Veinticuatro horas después de remitir el dinero mis padres recibieron otra llamada telefónica de la embajada
notificándoles que se habían producido algunos cambios. Al parecer, el juicio definitivo fue cancelado, por lo que podrían usar ese
dinero para sufragar mi viaje a casa. Yo creo que aquí intervino algo
más que la buena voluntad de los oficiales iraníes. Estoy convencido
de que aquella noche se obtuvo una importante batalla espiritual
en los cielos. Dos meses después de mi liberación, un reformador
moderado, Jatami, fue elegido presidente de Irán. Éste fue uno de los
principales reformadores y agentes de cambio de la sociedad iraní.
Yo creo que las nueve semanas de intensa oración de muchos cristianos jugó un papel decisivo en su elección.

Toda mi vida he sido muy consciente de la voz de Dios. Pero hubo
dos instancias concretas en las que su voz fue tan clara que llegó a
ser prácticamente audible. En ambas ocasiones fueron palabras que
tenían que ver con mi futuro. En la primera oí que Él quería que fuese
obrero suyo en Asjabad. La segunda tuvo lugar en una mañana de diciembre de 1990, cuando me vino a la memoria y al corazón el número
treinta y tres. Yo sabía que algo me iba a suceder cuando tuviera treinta
y tres años. Cuando estaba completamente solo en la celda cincuenta
y ocho, Dios me recordó esa palabra y me di cuenta que Él me había

preparado para soportar esta prueba. Justo antes de mi treinta y tres cumpleaños, en diciembre de 1996, justo antes de viajar a Irán, sentí en lo más profundo que Satanás iba a intentar matarme aquel año. Pensé que sería en un accidente de automóvil, pero cuando aterricé en la cárcel Evin, intuí que él intentaría arrebatar mi vida mientras estaba ingresado. Durante mi estancia en la cárcel sentí profundamente que mi vida estaba en las manos de Dios. Como a la mitad de mi cautiverio, sentí que Dios me cubría con sus manos y que me sacaría a su manera y en su momento, y eso fue exactamente lo que hizo.

Desde aquel momento, he trabajado con Juventud con una Misión en el sur de Colorado, enseñando e instruyendo a jóvenes para llevar a cabo el llamado que Dios ha hecho a sus vidas. Glenn se casó con una chica alemana un año más tarde, el mismo día que cruzamos la frontera turkmeno-iraní. La pareja tiene un hijo y trabaja en Asia Central. Joseph Morris, el afro-americano que viera una vez en la cárcel, también fue puesto en libertad. Leí en el diario Denver Post la noticia de su liberación, aproximadamente nueve meses después de la mía. He intentado localizarle, pero sin éxito.

Mirando hacia el futuro, me gustaría trabajar en Asia. También espero regresar un día a Irán. No lo digo con afán de heroísmo, sino movido por un profundo amor por el pueblo iraní y el anhelo de que conozcan el amor de Dios. He conocido a muchos iraníes por todo el mundo, y al igual que los que conocí en el aeropuerto de Francfort, también ellos se han disculpado por la actitud de su gobierno.

Mientras estuve en la cárcel, sentí que Dios me alentaba a escribir un libro para dar a conocer mi experiencia. Después de mi liberación, muchas personas me animaron a escribirlo, aunque yo sabía en lo más íntimo que aún no había llegado el momento oportuno. En febrero de 1999, sin saber cómo, la Editorial JUCUM (Inglés) se puso en contacto conmigo. Me dijeron que les gustaría escribir un libro que relatara la historia de mi cautiverio. Entonces supe que había llegado el momento de emprender el proyecto.

He procurado ser muy abierto y honesto para expresar los sentimientos que me acompañaron en la cárcel, para dar a conocer al lector que no soy más que «Dan». Pero sirvo a un Dios imponente que desea mostrarse fiel en toda situación. Dios usa personas corrientes. Lo único que nos pide es que le sigamos. Entonces Él hará cosas grandes y poderosas en y a través de nosotros. Mateo 14:22-29 cuenta el incidente de Pedro, cuando caminó sobre el agua. Jesús iba caminando sobre un agitado lago y cuando Pedro le vio, Jesús le dijo: «¡Ven!» Pedro entonces saltó de la barca y caminó sobre el agua hacia Jesús. Las circunstancias no le importaron al apóstol. Lo único que le importó es que Jesús le había dicho «Ven», de manera que, por muy disparatado que le pareciera a él, o a los discípulos, lo único que Pedro podía hacer era obedecer. Al hacerlo, vio la gloria de Dios e hizo lo imposible: caminó sobre el agua.

Al escribir este libro me propuse en mi corazón animar a muchos a salir de sus zonas de comodidad y caminar hacia Jesús; a ir y hacer cualquier cosa que Él les pida, sin tener en cuenta la fisonomía de las circunstancias. Si Jesús pudo sacarme de una cárcel de máxima seguridad en Irán, Él puede librarle de cualquier situación que usted esté atravesando. Aunque nunca hubiera sido puesto en libertad, Él sigue siendo Señor y es digno de nuestra vida. Todavía hoy hay millones que necesitan oír y conocer a Jesús. Decenas de millares de aldeas de todo el mundo nunca han oído ni conocido a Aquél que cambió mi vida para siempre. Si usted nunca ha tenido un encuentro con Él, quisiera invitarle a que le conozca hoy. La Biblia afirma, en Juan 3:16: «Porque tanto amó Dios al mundo, que dio a su Hijo unigénito, para que todo el que cree en él no se pierda, sino que tenga vida eterna». Crea en Jesús, sígale hoy y Él le perdonará sus pecados. Y dará paz, esperanza y sentido a su existencia.

Para los que ya conocemos a Jesús, recordemos la advertencia que se nos hace en Hebreos 12:1a: «Por tanto, también nosotros, que estamos rodeados de una multitud tan grande de testigos, despojémonos del lastre que nos estorba, en especial del pecado que nos asedia, y corramos con perseverancia la carrera que tenemos por delante. Fijemos la mirada en Jesús, el iniciador y perfeccionador de nuestra fe…»

Sigamos poniendo nuestros ojos en Jesús para que Él se convierta en la pasión de todos nuestros pensamientos, palabras y hechos.

Sigamos orando por el mundo musulmán para que el amor y el conocimiento de Jesús sean dados a conocer a todos y para que todas las potencias de Satanás sean destruidas.

Y finalmente, vayamos y prediquemos las Buenas Nuevas a todos. Que todos tomemos en serio nuestra responsabilidad y privilegio de cumplir la Gran Comisión para que Dios sea adorado en la tierra.

Dan vistió en la cárcel
ropa similar a ésta.

Dan en la residencia del
embajador de Suiza, el
16 de marzo de 1997,
día de su liberación.

Dan Baumann trabaja actualmente con Juventud con una Misión en Kona, Hawai. Ayuda durante seis meses en las escuelas de discipulado que se celebran allí y el resto del año lo dedica a enseñar y disertar por varios países. Para obtener más información acerca de JUCUM, visite: www.uofnkona.edu.

Para más información acerca de Dan Baumann, contacte con él en Facebook: www.facebook.com/danhbaumann.